W0360550

Vrabec · Karpfen in der internationalen Küche

Mit 8 Farbtafeln
und 180 Rezepten

INHALTSVERZEICHNIS

VILÉM VRABEC

KARPFEN in der internationalen Küche

Vor- und Zubereitung des Karpfens – Beilagen – Rezepte

VEB FACHBUCHVERLAG LEIPZIG

Übersetzung aus dem Tschechischen: Dipl.-Ing. Rosemarie Borán, Leipzig

Fachberater: Studiendirektor Dipl. oec. Herbert Pilz, Fachschule für das Gaststätten- und Hotelwesen, Leipzig

Farbfotos: Brigitte Weibrecht, Leipzig

Anrichten der Speisen: Horst Baumgarten, Küchenmeister; Roland Schneider, Schichtleiter, «Gastmahl des Meeres», Leipzig

Titel der Originalausgabe: Jihočeský kapr v naši a zahranični kuchyni
Jihočeské nakladatelstvi 1979

Vrabec, Vilém:
Karpfen in der internationalen Küche: Vorbereitung u. Verwendung d. Karpfens; Beilagen; Rezepte / von Vilém Vrabec. [Übers. aus d. Tschech. Rosemarie Borán]. – 1. Aufl. – Leipzig: Fachbuchverl., 1986. – 104 S.: mit 8 Farbtaf. u. 180 Rezepten
EST: Jihočeský kapr v naši a zahranični kuchyni (dt.)

ISBN: 3-343-00193-7

© Vilém Vrabec, 1979
Rechte an der deutschsprachigen Ausgabe
© VEB Fachbuchverlag Leipzig 1986

1. Auflage
Lizenznummer: 114-210/65/86
LSV:4843
Verlagslektor: Erich Kuhnert
Gestaltung: Egon Hunger, Leipzig
Printed in GDR
Lichtsatz und Druck: (52) Nationales Druckhaus, Berlin · Betrieb der VOB National
Buchbinderische Weiterverarbeitung: Interdruck Leipzig
Redaktionsschluß: 31. 10. 1985
Bestellnummer: 547 155 1
00950

Vorwort zur deutschsprachigen Ausgabe

Mit dem Buch «Karpfen in der internationalen Küche» liegt das Werk eines Altmeisters der Kochkunst vor, dessen Wissen und fachliches Können sowohl bei der Zusammenstellung der Rezepte als auch bei den erläuternden Texten ihren Ausdruck finden. Seine große Erfahrung hat es *Vilém Vrabec* ermöglicht, aus der Vielfalt internationaler Karpfenrezepte die besten auszuwählen und zusammenzustellen.

Hervorzuheben ist, daß das Buch nicht nur Kochrezepte enthält, sondern auch Hinweise zur Verwendung, küchenfertigen Vorbereitung und Aufbewahrung des Karpfens vermittelt. Die Rezepte sind mit konkreten Mengenangaben und ausführlichen Zubereitungshinweisen versehen. Die einfache und dennoch fachlich einwandfreie Darstellung ermöglicht auch den in Küchenfragen weniger Versierten die Herstellung der Speisen.

Die zu den Karpfengerichten passenden Beilagen und Soßen sind ebenfalls mit Rezepten aufgeführt. Außerdem werden Hinweise zur Kombination mit Beilagen gegeben und die Portionszahl genannt, die mit den jeweiligen Zutatenmengen herzustellen ist.

Insgesamt ist das vorliegende Buch eine in sich geschlossene Anleitung zur Verwendung des Karpfens in der Küche, das nicht nur das Wissen des Fachmanns bereichert, sondern auch für Hobbyköche von Nutzen sein wird.

Herbert Pilz

1. Vorbereitung des Karpfens zum Garen

Das schmackhafteste Fleisch weisen Karpfen mit einer Masse von 2000 ... 3000 g auf. Diese haben jedoch weniger entwikkelte, meist nur angedeutete Gonaden, d.h. Milch oder Rogen, die sich besonders für die Zubereitung dicker Fischsuppen eignen. Mehr als 3 Jahre alte Karpfen haben bereits bedeutend größere Gonaden, insbesondere die weiblichen Exemplare. Den größten Anteil dieses schmackhaften Rohstoffes gewinnt man von mehr als 5 Jahre alten Karpfen, die als *Zuchtkarpfen* ausgesondert wurden.

Lederkarpfen und *Spiegelkarpfen* werden hauptsächlich zum Blaukochen verwendet. Zum Backen und Braten eignen sich *Schuppenkarpfen* am besten.

Karpfen läßt sich auf vielfältigste Weise verarbeiten. Man kann Suppen und Soßen aus ihm herstellen, man kann ihn garziehen, dünsten, in der Pfanne braten, auf dem Rost grillen, backen und überbacken, blau, mit Sahne, Paprika, Knoblauch usw. anrichten. Aus dem Fleisch des Karpfens können auch Kroketten, Bratklopse, Gulasch, Ragout, Röllchen und Schaumbrot zubereitet werden. Für die Kalte Küche eignet sich Karpfen für Salate, Mayonnaisen, zum Einsetzen in Aspik, Marinieren usw.

Der beste, arteigene und durch nichts übertönte Geschmack des Karpfens kommt nur durch möglichst naturelle Zubereitung, d. h. durch Garziehen *ohne* Verwendung größerer Mengen Gewürze und ähnlicher Geschmackszusätze sowie durch Übergießen mit frischer, heißer Butter oder Braten in Butter oder Öl in der Backröhre zur Geltung. Eine solche Zubereitung ist nicht nur billig, sondern auch weniger zeitaufwendig.

Schlachten und Säubern des Karpfens

Den Karpfen in ein feuchtes Tuch wickeln, damit er nicht aus der Hand gleitet, mit dem Rücken nach oben auf ein Holzbrettchen legen, mit der linken Hand festhalten und mit der rechten Hand mit einem Küchenbeil, Hammer oder Fleischklopfer auf den Hinterkopf schlagen. Der Fisch ist dabei sehr fest zu halten. Dann mit einem scharfen Messer unmittelbar hinter dem Kopf tief einschneiden, wodurch das Rückenmark durchgetrennt und der Karpfen sofort getötet wird.

Das *Säubern* erfolgt unmittelbar nach dem Schlachten des Karpfens. Zunächst sind die Schuppen zu entfernen. Dazu den Schwanz in eine Serviette wickeln, fest in die Hand nehmen, den Karpfen auf ein feuchtes Brett legen und mit der stumpfen Kante des schräg angesetzten Messers abschaben. Beim Entfernen der Schuppen von einem abgetrockneten Karpfen schiebt sich die Haut unter dem Messer meist faltig zusammen, und ein Teil der Schuppen verbleibt an der Haut. In diesem Falle erfolgt das Nachsäubern am besten mit einer Gabel. Manchmal genügt es auch, den Fisch mit den fest an der Haut haftenden Schuppen kurz in kochendes Wasser zu tauchen. Danach lassen sich die Schuppen leichter entfernen. Der geschuppte Karpfen wird anschließend mit sauberem, kaltem Wasser abgespült.

Ausnehmen und Portionieren des Karpfens

Der Karpfen wird auf die Seite gelegt, am besten auf ein Brett, und an der Bauchseite entlang vom After bis zum Kopf mit einem Messer flach aufgeschnitten. Das Messer muß scharf sein, denn mit einem stumpfen Messer würde es nicht gelingen, die Bauchdecke, besonders zwischen den Flossen, durchzutrennen. Darüber hinaus dringt ein stumpfes Messer tiefer als beabsichtigt ein. Dadurch werden auch die Innereien beschädigt und möglicherweise sogar die Gallenblase verletzt. Nach Ausführen des Schnittes wird der Karpfen geöffnet.
Das *Ausnehmen* kann auf zweierlei Art erfolgen.
Erstes Verfahren: Zunächst wird vorsichtig die Gallenblase entfernt, die gleich hinter der Kehle in den Darm mündet (Karpfen haben keinen Magen) und meist tiefer in das Gewebe der Leber eingebettet ist. Das Platzen der Gallenblase und Auslaufen in den Fischkörper könnte das Karpfenfleisch infolge Bitterkeit ungenießbar machen. Erst danach wird an der Kehle der Darm durchgeschnitten. Dann sind die Innereien herauszunehmen, die die Leber umgebenden Darmschlingen von dieser zu trennen und die Gonaden, d. h. Milch und Rogen, beiseitezulegen (sofern diese bereits entwickelt sind).
Zweites Verfahren: Zuerst wird unmittelbar hinter dem Kopf an der Kehle der Darm durchgetrennt. Dann faßt man mit der Hand unter die Innereien und nimmt sie von hinten in Richtung Kopf auf einmal heraus. Davon sind Gallenblase, Därme und Schwimmblase zu entfernen. Unter den Innereien befindet sich noch die kleine dunkelrote Milz.

Nach dem Ausnehmen werden die kleinen Nieren entfernt, die sich in Gestalt eines dunkelroten, länglichen Organs in der Bauchhöhle befinden. Sie beseitigt man am besten durch Herausnehmen mit einem Messer mit abgerundeter Spitze. Nun wird die Bauchhöhle gründlich mit kaltem Wasser abgespült.
Soll der *Karpfen unzerteilt* zubereitet werden, so wird unmittelbar hinter dem Kopf eingeschnitten und der Schnitt durch die Mitte des Rückens bis zur Schwanzflosse geführt. Durch die Öffnung im Rücken sind die Innereien vorsichtig herauszunehmen.
Soll der *Karpfen gefüllt* werden, ist auch die Wirbelsäule herauszuschneiden. Nach dem Füllen wird der Rücken zugenäht. So zubereiteter Karpfen läßt sich nach dem Garziehen leichter portionieren. Die Flossen werden abgeschnitten oder abgehackt. Nach Anheben der Kiemendeckel werden die Kiemen und auch die Augäpfel mit dem Messer entfernt. Der ausgenommene Karpfen ist vor dem Zubereiten kurz, aber gründlich mit kaltem Wasser abzuspülen. Wird der *Karpfen nicht im ganzen* zubereitet, dann trennt man vom gesäuberten, ausgenommenen Karpfen Kopf und Schwanzpartie, halbiert ihn längs und zerlegt die beiden Hälften quer zu Portionen. Die beiden Hälften sind jedoch nicht gleich groß, denn eine Hälfte hat keine Mittelgräte, sie ist demnach flacher, während die andere Hälfte des Karpfens mit der Wirbelsäule höher ist. Es empfiehlt sich deshalb, vor dem Portionieren die Mittelgräte zu entfernen. Die Portionen sind dann gleich dick und beanspruchen die gleiche Garzeit. Den abgetrennten Kopf sowie die Schwanzflossen und die Wirbelsäule verwendet man für Fischbrühe. Der Kopf ohne Kiemen und Augäpfel ist ein guter Rohstoff zur Bereitung schmackhafter Fischsuppen. Am Kopf befindet sich verhältnismäßig viel Muskelgewebe, das sich durch Zartheit und guten Geschmack auszeichnet. Es läßt sich leicht vom gekochten Kopf lösen. Neben dem Muskelgewebe des Rumpfes, das mit dem Kopf abgetrennt wurde, sind es noch zwei Muskelpartien an den Wangen, zwei schmale Stränge unter dem Kiefer und der fleischige große Gaumen neben kleineren Muskelpartien, die ausgelöst werden. Von den Innereien des Karpfens werden hauptsächlich Rogen, Milch, Leber, Herz und ggf. auch die Milz verwendet.

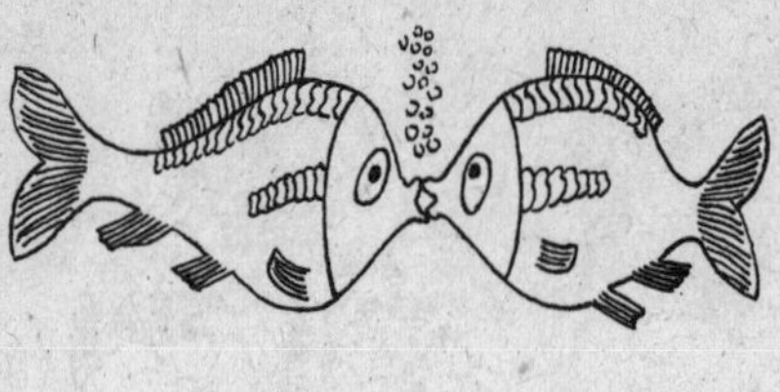

Filetieren und Abziehen der Haut

Der Karpfen wird nach dem Schuppen (sofern es kein Lederkarpfen ist) ausgenommen und der Kopf bei Bedarf abgehackt. Dann wird mit einem scharfen, breiteren Messer an der Schwanzflosse in das Fleisch eingeschnitten und der Karpfen mit einem von der Schwanzflossenpartie an der Wirbelsäule entlang bis zum Kopf geführten Schnitt in Hälften geteilt. Von der höheren Hälfte ist mit einem scharfen Messer die Mittelgräte abzutrennen. Aus den beiden Hälften löst man anschließend mit einem scharfen Messer die größeren Gräten sowie die nach dem Entfernen der Flossen im Fleisch verbliebenen Gräten. Besser als im rohen Zustand läßt sich der Karpfen nach dem Garen entgräten. Dann können auch die kleinsten Gräten leicht ausgelöst werden. So verfährt man meist dann, wenn das gargezogene oder gebratene Fleisch des Karpfens zur Bereitung von Salaten, Buletten usw. verwendet oder der Karpfen Kindern bzw. älteren Personen mit geminderter Sehkraft gereicht werden soll.

Die Haut wird folgendermaßen abgezogen: Ein Karpfenfilet wird mit der Haut nach unten auf ein Brettchen gelegt und mit dem Messer die Haut am Schwanz ein wenig gelockert, um dieses Ende in die Hand nehmen zu können. Dann wird zwischen gelöste Haut und Fleisch ein Messer geschoben und die Haut vom Fleisch getrennt. Das Messer wird dabei mit der flachen Seite der Klinge fest an die Haut gedrückt. Mit dem zweiten Filet ist ebenso zu verfahren. Das enthäutete Filet wird im ganzen belassen, sofern der Karpfen klein ist. Bei größeren Karpfen teilt man es quer. Die Haut wird meist nur bei älteren Karpfen und Flußkarpfen entfernt, und zwar hauptsächlich bei Spiegel- und Lederkarpfen, da diese in der Regel eine dicke und schwer verdauliche Haut haben, die zusammen mit dem abgetrennten Kopf zur Zubereitung von Fischsuppen und -soßen und ggf. Fischaspik verwendet wird.

Aufbewahren des geschlachteten Karpfens

Will man einen geschlachteten Karpfen kürzere Zeit aufbewahren, so muß er vor allem ausgenommen und ggf. auch gesäubert werden. Dann ist es ausreichend, ihn in ein in kaltes Wasser getauchtes, gut ausgedrücktes Tuch zu wickeln und im Kühlschrank aufzubewahren. Aber auch einen so vorbereiteten Karp-

fen hebt man nicht länger als einen, maximal zwei Tage auf. Steht ein Gefrierfach zur Verfügung, kann der Karpfen, in Alufolie verpackt, mehrere Tage gelagert werden.

Gefrierkarpfen und seine Zubereitung

Die Karpfen werden geschlachtet, gesäubert, ausgenommen, ggf. halbiert oder portioniert und durch Schockgefrieren konserviert. Dadurch werden nicht nur biologischer Wert, Aussehen und Farbe erhalten, sondern auch der ursprüngliche Geschmack. Der Vorteil besteht darin, Karpfen so das ganze Jahr im Handel anbieten zu können.
Für die *Vorbereitung von Speisen aus gefrorenem Karpfen* ist dieser zunächst nach dem Auspacken bei Zimmertemperatur 2 . . . 3 h aufzutauen. Der Geschmack wird wesentlich gehoben, wenn man den Fisch mit Zitronensaft beträufelt. Ist man in Eile, so taut man den Karpfen unter fließendem kaltem Wasser auf. Dabei wird nach und nach das gefrorene Wasser ausgeschwemmt, und der Karpfen gewinnt an Geschmack. Erst danach wird der Karpfen abgetrocknet und gegart.

Salzen und Würzen des Karpfens (von Fischen allgemein)

Vor allem sollte nicht vergessen werden, den Karpfen gut zu salzen (Fischfleisch verträgt als einziges übermäßiges Salzen). Mit Gewürzen sollte jedoch sparsam umgegangen werden. Man würzt nur dann stärker, wenn der Fischgeschmack ein wenig unterdrückt werden soll.
In der Regel wird mit Pfeffer, Piment, Lorbeerblatt, Zwiebel, Zitrone, Essig usw. gewürzt. Geeigneter und gesünder sind Würzkräuter, wie Petersilie, Basilikum, Ysop, Kerbel, Salbei, Dill, Estragon und Schnittlauch. Weiter in Frage kommen Knoblauch, Porree, Koriander, Paprika, Kümmel, Pilze, Senf usw. Auch leichte Rotweine, Weißweine, Weinbrand, Curry und Chillies eignen sich.

2. Verwendung des Karpfens und geeignete Beilagen

Zu fast allen aus Karpfen bereiteten *warmen Speisen* eignen sich am besten Kartoffeln aller Zubereitungsarten. Ferner können Reis, Nockerln, Kroketten aus Kartoffeln oder Reis, gedünstetes Gemüse, insbesondere Tomaten, Gemüsepaprika, Auberginen, Spargel, grüne Erbsen, Artischocken, Oliven, Champignons usw., als Beilage gereicht werden. Mitunter werden zum Karpfen auch Teigwaren gegeben (Karpfengulasch, Paprikakarpfen) und als Ausnahme auch Knödel.
Neben warmen Beilagen können auch Frischkostsalate (Kopfsalat, Tomatensalat, Gurkensalat u. a.), Gemüsesalat mit Mayonnaise, wie französischer Salat, weiter Bohnen-, Sojabohnensalat usw. angeboten werden. Besonders geeignet sind außerdem Zitrone, geriebener Meerrettich und nicht zuletzt auch Kompott. Brot kann ebenfalls zu fast allen Karpfenzubereitungen gereicht werden.
Aus der Reihe der Soßen eignen sich Senfsoßen, Schnittlauchsoße, Remouladensoße und Tatarensoße. Weitere Beilagen können Apfel-, Sahne-, Nußmeerrettich sein.

Karpfenportion je Person

Wird der Karpfen als Vorspeise oder warmer Zwischengang gereicht, so rechnet man je Person 120 g, ist er als selbständiges Gericht gedacht, 150 . . . 200 g ausgenommenen Frischfisch einschließlich Haut und Gräten. Bei Verwendung von Karpfenfilet verringert sich die Masse der einzelnen Portionen um 15 . . . 20 %.
Soll Karpfen zur Bereitung von Nockerln, Buletten, Aufläufen, Pasteten usw. verwendet werden, so rechnet man je Portion 60 . . . 100 g reines Karpfenfilet ohne Haut. Hier richtet sich die Menge nach der Art der Speise, die zubereitet werden soll.

Ergiebigkeit des Karpfens

Von 1500 g Schuppenkarpfen verbleiben nach Abzug der Schuppen, Innereien, abgeschnittenen Flossen und des Kopfes 900 . . . 1000 g Nutzmasse, die das «reine» Fleisch des Karpfens mit Haut und Gräten ausmachen, vorbereitet zum Garen. Zerlegt ergeben sich 6 Portionen von etwa 150 g.

3. Rezepte für die Zubereitung von Karpfen

3.1. Brühen, Suppen und warme Soßen

Karpfenbrühen und -suppen

Brühe vom Karpfen (Fischfond)

Für Fischsuppen, Fischsoßen, zum Dünsten von Karpfen und zu Fischaspik ist Fischbrühe erforderlich.
Einen guten Fischfond gewinnt man durch Auskochen der Karpfenabgänge, wie Flossen, Schwanzpartien, Haut, Gräten, Kopf und verwendbare Innereien (Leber, Milz, Rogen, Milch). Wird mit den Fischabgängen gleichzeitig auch der portionierte Karpfen gegart, der als Speise gereicht werden soll, wird der Fischfond noch wertvoller. Der Karpfen ist im Fischsud nur so lange zu garen, bis er weich ist, d. h. 16 ... 18 min.

Zutaten:
2 ¼ l Wasser, 1000 g Karpfenköpfe (ohne Kiemen und Augäpfel), Gräten und Abschnitte, 150 g Gemüse (Möhre, Petersilienwurzel, Sellerie, Porree), 80 g Zwiebeln, Salz, 1 Lorbeerblatt, 15 Pfefferkörner, 6 Gewürzkörner, Thymian
(Zur Geschmacksabwandlung kann anstelle von Lorbeerblatt, Pfeffer und Piment etwas Basilikum oder Ysop, ggf. auch etwas Salbei oder Koriander beigegeben werden. Werden 50 g in Butter gedünstete Champignons zugegeben, bekommt die Fischbrühe ebenfalls eine andere Geschmacksnote. Einen speziellen Geschmack erzielt man, wenn dem Fischfond etwas Weißwein zugesetzt wird.)

Zubereitung:
Karpfenköpfe und Abschnitte waschen, die Köpfe halbieren, alles in einen Topf geben, das in Scheiben geschnittene Gemüse mit Zwiebeln, Salz und Gewürzen beifügen, mit Wasser auffüllen und langsam 45 min kochen. Den Fond passieren und für klare und gebundene Fischsuppen, zu Fischsoßen und (schwach mit Essig gesäuert und mit Eiklar geklärt) für Fischaspik verwenden.
1 ½ l Fischfond (für 6 Personen)

Klären des Fischfonds

Manchmal genügt es, nach dem Kochen den Fond entweder durch ein feines Sieb zu gießen oder durch eine in kochendes Wasser getauchte und gut ausgedrückte Leinenserviette zu seihen. Wenn dies nicht ausreicht oder man zur Zubereitung klarer Fischsuppen oder klaren Aspiks einen kristallklaren Fond erzielen will, muß dieser geklärt werden.

Arbeitsablauf beim Klären:

Bildet sich an der Oberfläche des durchgeseihten kalten Fischfonds eine Fettschicht, so ist sie mit dem Löffel zu entfernen. Dann gibt man auf 1½ l Fischfond 100 g feingehacktes rohes Fleisch vom Karpfen, 60 g gesäuberte, kleingewürfelte Petersilienwurzel, 2 bis 3 Eiklar in einen Topf und schlägt das Ganze mit dem Schneebesen kurz durch, bevor man mit dem völlig fettfreien, erkalteten Fischfond auffüllt, erneut gut durchschlägt, langsam zum Kochen bringt und etwa 5 min mäßig kocht. (Wird der geklärte Fischfond zur Bereitung von Fischaspik verwendet, so ist der Fond vor dem Klären mit etwa 4 Eßlöffel Essig zu säuern.) Beim Erhitzen des Fischfonds ist von Zeit zu Zeit vor allem in Bodennähe mit dem Kochlöffel leicht zu rühren. Der Fond verbleibt nun zugedeckt 20 min am Rand der Kochplatte, um zu ruhen, d. h. so lange, bis das Ei vollständig ausgefällt ist. Danach seiht man den Fischfond durch eine in heißes Wasser getauchte, gut ausgedrückte Leinenserviette, die über ein Sieb gebreitet wurde. (Das während des Kochprozesses aus dem Fleisch ausgeschiedene Eiweiß und das hinzugegebene Eiklar nehmen beim Kochen durch schrittweises Gerinnen alle Bestandteile auf, welche die Brühe trüben. Die Aromastoffe aus Fleisch und Petersilienwurzel bessern den Geschmack des Fonds auf.)

Altböhmische Karpfensuppe (ČSSR)

Zutaten:
Innereien von Karpfen (Leber, Milch, Rogen), 200 ml Wasser, Salz, 4 Pfefferkörner (frisch gemahlen), 1 kleine Zwiebel, 120 g Wurzelwerk (Petersilienwurzel, Sellerie, Möhre) – 3 Karpfenköpfe, ggf. auch Karpfenabschnitte, Salz, 2 l Wasser, 3 mittelgroße Zwiebeln, 120 g Sellerie, 2 größere Petersilienwurzeln, 1 Lorbeerblatt, 12 Pfefferkörner, 6 Pimentkörner, ggf. geriebene Muskatnuß, 60 g Mehlbutter

Zubereitung:
Die gewaschenen Innereien in schwach gesalzenem und mit etwas Pfeffer gewürztem Wasser unter Zugabe von kleingeschnittenen Zwiebeln und Gemüse 20 min, d. h. bis zum Weichwerden garen. In einen anderen, größeren Topf die sorgfältig gewaschenen Karpfenköpfe (ohne Kiemen und Augen) geben, mit Salzwasser auffüllen, geschnittene Zwiebeln, gesäubertes Gemüse im ganzen sowie Gewürze zugeben und 45 min mäßig kochen. Den so gewonnenen Fischfond anschließend passieren, mit der aus den gekochten Innereien gewonnenen Brühe vermengen und die kleingeschnittenen Innereien und das ausgelöste und kleingeschnittene Fleisch der Karpfenköpfe hineingeben. Zuletzt mit der Mehlbutter binden und kurz aufkochen. Steht zur Bereitung der Suppe kein Rogen zur Verfügung, so ersetzt man ihn, indem man anstelle des Bindens mit Mehlbutter

(30 g Butter mit 30 g Mehl verknetet) oder 80 g Grieß und 40 g Butter

Grieß in Butter leicht anschwitzt und in der Suppe aufkochen läßt, wodurch diese gleichzeitig angedickt wird.
Der fertigen Suppe kann das im Fond gekochte und in Streifen geschnittene Gemüse beigegeben werden.
Einlage: in Butter angeschwitzte Weißbrotwürfel.
Für 6 bis 8 Personen

Karpfensuppe Fischerart (U) (Bild 1)

Zutaten:
1 kleiner Karpfen (etwa 1000 g), 2 l Wasser, 150 g Gemüse (Möhre, Petersilienwurzel, Sellerie), 80 g Zwiebeln, 2 Peperoni, 6 Pimentkörner, 20 g Delikateßpaprika, Salz, 40 g Butter oder Schweinefett, Petersilie

Zubereitung:
Den Karpfen säubern, ausnehmen, waschen, den Kopf abhakken (Kiemen und Augen entfernen), Flossen und Schwanzpartie abtrennen und den dann entgräteten Karpfen in schmale Stücke schneiden und im Kühlschrank eine Stunde ruhen lassen. Geschälte Zwiebeln in Scheiben schneiden, anbraten, Paprika unterrühren, mit Wasser auffüllen und zum Kochen bringen. Dann den halbierten Karpfenkopf, die Flossen, Abschnitte, das gesäuberte Gemüse, Piment, kleingehackten Peperoni einlegen und etwa 45 min garen. Danach die Fischbrühe passieren, die Karpfenstücke in dem Fischfond garen (Dauer 16 min). Wenn Rogen und Milch vorhanden sind, vor Ende der Garzeit in den Fond geben. Die Suppe nicht umrühren, damit die Karpfenstücke nicht beschädigt werden. Die Karpfenstücke auf die Teller verteilen, das entgrätete Fleisch vom gekochten Kopf hinzufügen, mit Fischsuppe übergießen, mit gehackter Petersilie bestreuen und mit Brot reichen.
Für 4 bis 6 Personen

Karpfensoljanka, klar, Moskauer Art (SU)

Zutaten:
1¾ l klarer Fischfond (siehe Rezept «Klären des Fischfonds»), Salz, 600 g entgrätetes Karpfenfleisch ohne Haut, 12 Oliven, 30 g Kapern, 6 Zitronenscheiben, Petersilie

Zubereitung:
Das Karpfenfleisch in Stücke von 50 g schneiden, salzen, mit ¼ l Fischfond garziehen lassen. Dann auf 6 Suppenteller oder -schälchen verteilen, mit dem verbliebenen heißen Fischfond übergießen, in jede Portion zwei entsteinte Oliven, einige Kapern und eine Zitronenscheibe geben und die Suppe mit gehackter Petersilie bestreuen.
Für 6 Personen

Karpfensuppe mit Nockerln (ČSSR)

Zutaten:
1½ l Fischfond (siehe Rezept «Brühe vom Karpfen»), gargezogene Karpfenmilch, 150 g gargezogenes Karpfenfleisch, 5 Eßlöffel Milch, 10 g Butter, 20 g Mehl, 30 g Butter, 1 Eigelb, Salz, gemahlener Pfeffer, Muskat, Petersilie

Zubereitung:
Aus 10 g Butter und Mehl helle Mehlschwitze bereiten, mit Milch angießen und unter ständigem Rühren bis zum Eindikken kochen, dann erkalten lassen. In einem Schüsselchen die Butter schaumig rühren, die Mehlschwitze, Eigelb, Salz, Gewürze, gehackte Petersilie, das gewolfte Fleisch vom Karpfen zugeben und vermengen. Mit einem Teelöffel Nockerln abstechen, in siedend heißem Wasser (das Wasser darf nicht kochen) 5 min garziehen lassen. Die gargezogene Karpfenmilch kleinschneiden und in die Fischbrühe geben. Die zubereiteten Nokkerln vor dem Servieren der Fischsuppe auf die einzelnen Portionen verteilen.
Für 6 Personen

Karpfensuppe holländische Art (NL)

Zutaten:
1¼ l Wasser, 1 Eßlöffel Essig oder Zitronensaft, 50 g Zwiebeln, 1 Lorbeerblatt, 8 Pfefferkörner und Pimentkörner, Thymian und Salz – 400 g Karpfenfleisch, 40 g Butter, 30 g Mehl, 100 g Möhren, 1 Porreestange, 80 g grüne Erbsen aus der Konserve, ½ Zitrone, Salz, gemahlener Pfeffer, 60 g Fadennudeln

Zubereitung:
In eine größere Kasserolle die angegebene Menge Wasser und Essig gießen, Zwiebeln, Gewürze, Salz zugeben und 15 min kochen. Dann das vorbereitete Karpfenfleisch in die Brühe geben und 15 min ziehen lassen, d. h. bis zum Garwerden. Das gegarte Fleisch herausnehmen, entgräten und in kleine Stücke zerteilen. Aus Butter und Mehl helle Mehlschwitze bereiten, die mit dem Karpfenfond aufgefüllt und gut verrührt wird. In feine Streifen geschnittene Möhre und Porree zugeben und kochen. Dazu die grünen Erbsen geben, mit Pfeffer würzen, salzen und die Fadennudeln in der Suppe garen. Zuletzt das Karpfenfleisch zugeben und in der Suppe erhitzen. Die fertige Suppe kann mit Zitronensaft beträufelt werden.
Für 6 Personen

Sommerliche Karpfensuppe (Ö)

Zutaten:
1½ l Wasser, 500 g Karpfenfleisch, Salz, 10 Pfefferkörner, 6 Pimentkörner, 1 kleine Zwiebel – 120 g Wurzelwerk, 60 g Butter,

Zubereitung:
Das vorbereitete Karpfenfleisch in kochendem Salzwasser mit Gewürzen und zerteilter Zwiebel 16 min garen. Das Fleisch herausnehmen, entgräten, in kleine Stücke zerpflücken, die Brühe passieren. Das Wurzelwerk säubern, waschen, in Streifen schneiden, in Butter anschwitzen, mit Mehl bestäuben, mit kal-

20 g Mehl, 100 g Blumenkohl, Muskat oder Macis, 1 bis 2 Eigelb, 100 ml Sahne

tem Fischfond auffüllen und unter ständigem Rühren aufkochen lassen. Dann den in Röschen zerteilten Blumenkohl zugeben, salzen, mit Muskat würzen und unter Umrühren die Suppe erneut 15 min kochen lassen. Nun das gare Karpfenfleisch in die Suppe geben, heiß werden lassen, mit in Sahne verrührtem Eigelb legieren. (Nach dem Legieren die Suppe nicht mehr kochen, da das Eigelb ausflocken könnte.)
Für 6 Personen

Fischsuppe von Innereien des Karpfens, gebunden (ČSSR)

Zutaten:
$1\frac{3}{4}$ l Wasser, 1 Karpfenkopf (ohne Kiemen und Augen), Schwanzpartie, Rogen oder Milch, ggf. beides, 100 g Gemüse (Möhre, Petersilienwurzel, Sellerie), 30 g Zwiebel, 20 g Butter, 1 Lorbeerblatt, etwas Thymian, 5 Pfefferkörner, 1 Eßlöffel Essig – *Zur Mehlschwitze:* 60 g Butter, 50 g Mehl – *Zum Legieren:* $\frac{1}{8}$ l Sahne, 1 Eigelb

Zubereitung:
Den halbierten Karpfenkopf und die Schwanzpartie säubern, waschen, mit Wasser, Salz, Essig, Pfeffer, Lorbeerblatt, Thymian etwa 30 min kochen; anschließend passieren, Fleisch von Kopf und Schwanzpartie ablösen. Aus Butter und Mehl helle Mehlschwitze bereiten und unter ständigem Rühren mit Fischfond auffüllen. Nun das gesäuberte, in feine Streifen geschnittene und in Butter gedünstete Gemüse sowie die Zwiebel zugeben und die Suppe unter ständigem Rühren 20 min kochen. Milch und Rogen, ggf. beides, abspülen, kleinschneiden, in die Suppe geben, das in kleine Stücke geschnittene, entgrätete Fleisch hinzufügen und noch einmal 10 min garen. Die fertige Suppe mit in Sahne verquirltem Eigelb legieren, gehackte Petersilie einstreuen und servieren.
Einlage: 2 Brötchen, kleingewürfelt und in Butter angeschwitzt, sowie Petersilie.
Anmerkung: Steht nur Karpfenmilch zur Verfügung, kann der fehlende Rogen durch in Butter angeschwitzten Grieß ersetzt werden.
Für 6 Personen

Karpfensuppe mit Erbsen, gebunden (Ö)

Zutaten:
$1\frac{3}{4}$ l Fischfond (siehe Rezept «Brühe vom Karpfen»), 20 g Zwiebelwürfel, 30 g Sellerie – *Zur Mehlschwitze:* 60 g Butter, 50 g Mehl – Milch und Rogen vom Karpfen, Salz, gemahlener

Zubereitung:
Butter zerlassen, Zwiebelwürfel und Sellerie zugeben, dünsten, mit Mehl bestäuben, leicht anschwitzen, dann nach und nach mit dem passierten, abgekühlten Fischfond auffüllen und unter ständigem Rühren 20 min kochen. In diese danach passierte Fisch-Grundsuppe die gewaschene und geschnittene Milch bzw. den Rogen vom Karpfen, die pürierten Erbsen geben, salzen,

Pfeffer, Majoran, 200 g gekochte Erbsen, Petersilie

mit Pfeffer und Majoran würzen und noch einmal 10 . . . 15 min garen. Die fertige Suppe mit dem Schneebesen schlagen, mit feingehackter Petersilie bestreuen und mit gerösteten Semmelwürfeln servieren.
Einlage: 2 Semmeln, gewürfelt und in Butter angeschwitzt.
Für 6 Personen

Karpfensuppe mit Kartoffeln (ČSSR)

Zutaten:
250 g Karpfenfleisch, 1½ l Wasser, 80 g Zwiebeln, 1 Möhre, 2 Porreestangen, 250 g Kartoffeln, gemahlener Pfeffer, 60 g Butter, 40 g Mehl, Petersilie

Zubereitung:
Das Karpfenfleisch salzen, in Wasser 15 min garziehen lassen. Karpfenfleisch aus der Brühe nehmen, entgräten und schneiden. In Butter zerlassen, die feingeschnittenen Zwiebeln sowie das geputzte und in feine Streifen geschnittene Gemüse zugeben, dünsten, mit Mehl bestäuben, leicht anschwitzen, mit passiertem Fischfond auffüllen und die in größere Würfel geschnittenen Kartoffeln zugeben. Die Suppe salzen, würzen und so lange kochen, bis die Kartoffeln gar sind. Dann der Suppe das gesondert gegarte und kleingeschnittene Karpfenfleisch zusetzen, kurz aufkochen. Mit Petersilie bestreuen und servieren.
Für 4 Personen

Südböhmische Karpfensuppe, gebunden (ČSSR)

Zutaten:
250 g Karpfenfleisch, 2 Karpfenköpfe und Innereien, Salz, 1 kleine Zwiebel, 1 Porreestange, 5 Pimentkörner und Pfefferkörner, 1¾ l Wasser – *Zur Mehlschwitze:* 50 g Butter, 40 g Mehl – 100 g Wurzelwerk, 100 g Butter, ⅛ l Sahne, ein wenig Macis oder Curry, 2 Eßlöffel Weißwein, Petersilie

Zubereitung:
Die halbierten Karpfenköpfe (ohne Kiemen und Augen), Flossen und Innereien waschen und in Salzwasser mit Zwiebel, Porree (nur das Weiße) und Gewürzen garziehen lassen. Aus Butter und Mehl helle Mehlschwitze bereiten, mit kaltem Fischfond (vom Garen der Köpfe und Innereien) auffüllen und etwa 10 min kochen. Das Wurzelwerk putzen, in schmale Streifen schneiden, in 40 g Butter andünsten, in den Suppenansatz geben und unter Umrühren so lange kochen, bis das Gemüse gar ist. Nun das Karpfenfleisch salzen, in der verbliebenen Butter 12 min braten, entgräten und kleinschneiden, das vom Kopf gelöste Fleisch und die kleingeschnittenen Innereien zugeben, zusammen in die Suppe geben und heiß werden lassen. Zuletzt die Suppe mit Sahne verfeinern, salzen, würzen, mit Weißwein abschmecken und die einzelnen Portionen mit gehackter Peter-

silie bestreuen. Die Suppe kann noch mit in Butter angeschwitzten Semmelwürfeln oder Eierkuchenstreifen ergänzt werden.
Für 6 Personen

Karpfensuppe mit Pilzen (M)

Zutaten:
250 g Karpfenfleisch, 120 g Butter, 50 g Zwiebeln, 150 g Steinpilze oder Champignons, Salz, gemahlener Pfeffer, Kümmel, Petersilie, 40 g Mehl, 1 l Wasser oder Fischfond (siehe Rezept «Brühe vom Karpfen»), 200 ml Sahne, 6 Eßlöffel Weißwein, Schnittlauch

Zubereitung:
Das Fischfleisch salzen, in 70 g Butter braten, entgräten und schneiden. In der restlichen Butter die feingeschnittenen Zwiebeln und Schnittlauch leicht anschwitzen, die geputzten und in Scheiben geschnittenen Pilze zugeben, salzen, pfeffern, mit Kümmel bestreuen und 5 min dünsten. Die gedünsteten Pilze mit Mehl bestäuben, anschwitzen und mit Wasser oder Fischfond und Sahne auffüllen, gut durchrühren und 10 min kochen. Zum Schluß den zerkleinerten Fisch sowie den Wein zugeben, abschmecken, kurz aufkochen lassen und servieren. Mit gehackter Petersilie bestreuen.
Für 4 Personen

Legierte Karpfensuppe (D)

Zutaten:
60 g Butter, 50 g Mehl, 1¼ l Fischfond (siehe Rezept «Brühe vom Karpfen»), ¼ l Milch, 300 g gargezogenes oder gedünstetes Fleisch vom Karpfen, Salz, gemahlener Pfeffer, 4 Eßlöffel Weißwein – *Zum Legieren:* 1 Eigelb, 4 Eßlöffel Sahne

Zubereitung:
Aus Butter und Mehl eine helle Mehlschwitze bereiten, mit kalter Fischbrühe und Milch auffüllen und unter ständigem Rühren 20 min kochen. Dann das gewolfte und passierte Fleisch vom Karpfen zugeben, salzen, würzen, mit Weißwein abschmekken und unter ständigem Rühren kurz aufkochen lassen. Abschließend die Suppe mit Eigelb, in Sahne verquirlt, legieren. Danach die Suppe nicht mehr kochen lassen. Wird sie nicht sofort serviert, so ist sie im Wasserbad warm zu halten. Die einzelnen Portionen vor dem Servieren mit feingewiegter Petersilie oder feingehacktem Schnittlauch bestreuen.
Für 4 bis 6 Personen

Warme Soßen

Holländische Soße (NL)

Zutaten:
4 Eigelb, 6 Eßlöffel Wasser, 1 Eßlöffel Zitronensaft,

Zubereitung:
In ein kleines Gefäß das Eigelb, Wasser, Zitronensaft, Essig, Salz, Pfeffer und Worcestersoße geben, das Gefäß in ein größe-

1 Teelöffel Essig, Salz, eine Prise gemahlener Pfeffer, 1 Teelöffel Worcestersoße, 100 g Butter

res stellen, in dem Wasser mäßig kocht, so lange quirlen oder mit dem Schneebesen schlagen, bis das Gemisch kremartig eindickt. Dann das kleine Gefäß aus dem Wasserbad nehmen und die zerlassene Butter nach und nach unter das Eigelbgemisch rühren. (Gerinnt die Soße, so wird 1 Eßlöffel kaltes Wasser zugesetzt und im Wasserbad so lange gerührt, bis sie wieder glatt wird.) Die Soße sofort verwenden.

Geschmacksabwandlung:

Das Wasser kann durch Fischfond ersetzt werden, wenn die Soße zu Fisch gereicht werden soll.

Die Soße wird zu gargezogenem, gebratenem oder gebackenem Karpfen gereicht.

Für 4 bis 6 Personen

Helle Fischsoße (Grundsoße) (X)

Zutaten:

60 g Butter, 70 g Mehl, 1 l Fischfond (siehe Rezept «Brühe vom Karpfen»), 30 g Champignons, 1 Teelöffel Zitronensaft, Salz

Zubereitung:

Aus Butter und Mehl helle Mehlschwitze bereiten, mit der kalten Brühe nach und nach auffüllen, die gesäuberten und in Scheiben geschnittenen Champignons und den Zitronensaft zugeben, salzen und unter ständigem Rühren langsam 20 . . . 30 min kochen. Dann passieren. Wird die Soße nicht sofort verwendet, so ist sie bis zum Erkalten zu rühren; dann ihre Oberfläche mit Butter beträufeln, um eine Hautbildung zu verhindern, und im Kühlschrank aufbewahren.

Die fertige Soße wird zu gekochtem Karpfen gereicht oder als Grundlage zur Bereitung weiterer spezieller Fischsoßen verwendet.

Für 6 Personen (¾ l Soße)

Fisch-Tomaten-Soße (It)

Zutaten:

¾ l helle Fischsoße (Grundsoße, siehe Rezept «Helle Fischsoße»), $^2/_{10}$ l Tomatenketchup, 1 Teelöffel Zitronensaft, Salz, eine Prise Zucker, gemahlener Pfeffer

Zubereitung:

Helle Fischsoße (Grundsoße) bereiten, Ketchup und Zitronensaft zugeben, salzen, nach Belieben mit Zucker und Pfeffer würzen und aufkochen lassen. Die Soße zu gekochtem oder gedünstetem Karpfen reichen.

Für 6 Personen

Fisch-Paprika-Soße (U)

Zutaten:
$\frac{3}{4}$ l helle Fischsoße (Grundsoße, siehe Rezept «Helle Fischsoße»), 50 g Zwiebeln, 20 g Delikateßpaprika, 1 Knoblauchzehe, 40 g Speck, $\frac{1}{8}$ l Brühe vom Brühwürfel oder Fischbrühe, Salz

Zubereitung:
Den Speck in kleine Würfel schneiden und auslassen. Dann die feingeschnittenen Zwiebeln, die zerdrückte Knoblauchzehe zugeben, anschwitzen. Die erkaltete Zwiebel mit Paprika bestäuben, mit Brühe auffüllen, 5 min kochen lassen. Den so bereiteten Paprikafond unter die helle Grundsoße ziehen, salzen, kurz aufkochen und passieren.
Die fertige Soße wird zu gekochtem oder gedünstetem Karpfen gereicht.
Für 6 Personen

Kapernsoße (D)

Zutaten:
Zur Mehlschwitze: 40 g Mehl, 50 g Butter – 10 g Zwiebeln, Petersilie, $\frac{1}{2}$ l Fischfond (siehe Rezept «Brühe vom Karpfen») oder Wasser, 30 g Kapern, 10 g Butter

Zubereitung:
Aus Mehl, Butter, feingeschnittener Zwiebel und Petersilie goldgelbe Mehlschwitze bereiten, mit dem kalten Fischfond auffüllen, unter ständigem Rühren 20 min kochen und dann passieren. Die Kapern fein hacken, in Butter dünsten, in die Soße geben und noch ein wenig aufkochen. Durch Zugabe von $\frac{1}{8}$ l saurer Sahne und etwas Zucker kann die Soße geschmacklich verfeinert werden.
Die Soße wird zu gekochtem oder gedünstetem Karpfen, zu Fischbuletten, Röllchen usw. gereicht.
Für 6 Personen

Dillsoße (M)

Zutaten:
Zur Mehlschwitze: 50 g Butter, 40 g Mehl – Petersilie, 10 g Zwiebel, 20 g Dill, $\frac{1}{2}$ l Fischbrühe (siehe Rezept «Brühe vom Karpfen») oder aus einem Brühwürfel bereitete Brühe, 1 Eßlöffel Zitronensaft oder Essig, 10 g Zucker, Salz, 100 ml Sahne

Zubereitung:
Aus Butter und Mehl mit feingeschnittener Zwiebel und Petersilie helle Mehlschwitze bereiten, diese unter ständigem Rühren nach und nach mit kalter Brühe auffüllen, Essig oder Zitronensaft, Zucker, Salz zugeben und 20 min kochen lassen. Anschließend die Soße passieren, den gewaschenen und feingehackten Dill sowie die Sahne zugeben und kurz aufkochen. Die Soße zu gekochtem und gedünstetem Karpfen, zu Fischkroketten, Fischbuletten u. a. reichen.
Für 6 Personen

Warme Eiersoße (X)

Zutaten:
4 Eigelb, 200 g Öl, 2 Eßlöffel Weinessig, Salz, gemahlener weißer Pfeffer, Worcestersoße, Saft von 1 Zitrone, 1 Teelöffel glatter Senf, $\frac{1}{8}$ l Knochenbrühe oder Wasser, ggf. Fischfond

Zubereitung:
Die Eigelbe, 1 Eßlöffel Öl, kalte Brühe oder Wasser, Essig, Salz, Pfeffer, Senf und einige Tropfen Worcestersoße in ein Gefäß geben und am Rande der Herdplatte oder im Wasserbad so lange schlagen, bis das Gemisch dick zu werden beginnt. Nun unter ständigem Rühren nach und nach Öl zugießen, Zitronensaft tropfenweise zugeben und zuletzt, sollte die Soße allzu dick sein, etwas Brühe oder Wasser zusetzen.
Die Soße zu gekochtem, gedünstetem oder gebackenem Karpfen reichen.
Für 6 Personen

3.2. Warme Gerichte aus Karpfen

Gargezogener Karpfen mit Butter (X)

Zutaten:
1½ kg Karpfen, Salz, 2 l Wasser, Essig oder Zitronensaft, 50 g Zwiebeln,
1 Lorbeerblatt,
10 Pfefferkörner,
6 Pimentkörner, Thymian,
120 g Butter

Zubereitung:
Karpfen säubern, abspülen und in 6 Portionen zerteilen, salzen. Wasser mit Essig, Salz und den weiteren Zusätzen 10 min kochen. Dann die Karpfenportionen einlegen, kurz aufkochen lassen und 16 ... 18 min garziehen. Die Portionen mit dem Fischlöffel herausnehmen, auf einer Platte mit dem Rücken nach oben anrichten und mit heißer Butter übergießen. Die Platte mit Kopfsalat und Zitrone garnieren.
(Den passierten Sud zu Fischsuppe oder -soße, ggf. zur Bereitung von Fischaspik verwenden.)
Als warme Vorspeise oder Zwischengang, ggf. als selbständiges Gericht reichen.
Beilage: Salzkartoffeln, in Butter geschwenkt und mit gehackter Petersilie bestreut.
Für 6 Personen

Gargezogener Karpfen mit Meerrettich (P)

Zutaten:
6 Portionen gargezogener Karpfen (siehe Rezept «Gargezogener Karpfen mit Butter»), Fischbrühe, 2 Eßlöffel

Zubereitung:
Die gargezogenen Karpfenportionen mit dem Fischlöffel vorsichtig aus dem Fischfond heben, auf einen Teller legen, mit etwas heißer Brühe übergießen, mit geriebenem Meerrettich bestreuen und mit zerlassener Butter übergießen.

geriebener Meerrettich,
60 . . . 80 g Butter

Als selbständiges Gericht reichen.
Beilage: Salzkartoffeln oder Brot.
Für 6 Personen

Gargezogener Karpfen mit holländischer Soße (NL)

Zutaten:
6 Portionen Karpfen je 150 g, Salz, 2 l Wasser, $\frac{1}{8}$ l Weißwein, 1 kleine Zwiebel, 60 g Sellerie, Petersilie, 1 Lorbeerblatt, 10 Pfefferkörner, 6 Pimentkörner, Thymian oder Basilikum, holländische Soße (siehe Rezept)

Zubereitung:
Wasser und Wein, in Scheiben geschnittene Zwiebel und Sellerie, Petersilie, Salz und Gewürze 10 min kochen. Dann die gesalzenen Karpfenportionen in die Brühe legen, kurz aufkochen lassen und 16 . . . 18 min garziehen. Die Karpfenportionen mit dem Fischlöffel herausnehmen, auf einen Teller legen und mit etwas Fond übergießen. Zuletzt die einzelnen Portionen mit Kopfsalat und Zitrone garnieren.
Die holländische Soße gesondert reichen.
Als warme Vorspeise oder Zwischengang, ggf. auch als selbständiges Gericht reichen.
Beilage: Salzkartoffeln.
Für 6 Personen

Gargezogener Karpfen blau mit Butter oder Soße (X)

Zutaten:
1500 g Karpfen, $1\frac{1}{2}$ l Wasser, Salz, 5 Eßlöffel Essig, 200 g Gemüse (Möhren, Petersilienwurzel, Sellerie), 50 g Zwiebeln, 15 Pfefferkörner, 5 Pimentkörner, 1 Lorbeerblatt, Thymian (Gemüse und Gewürze gleichzeitig ins Wasser geben, wobei die Gewürze in ein sauberes Leinentüchlein gebunden werden.) – 100 g Butter, Kopfsalat oder Petersilie, Zitrone

Zubereitung:
Den Karpfen vorsichtig auf einem nassen Brett ausnehmen, alle überflüssigen Berührungen vermeiden, um den am Fisch haftenden Schleim nicht abzuwischen, da hauptsächlich er das Blauwerden des Karpfens bewirkt. Beim Ausnehmen den Karpfen an den Kiemen halten. Die Haut des zum Blaukochen bestimmten Karpfens vor dem Einlegen in heißes Wasser oder Brühe mit ein wenig kochendem Essig übergießen. Der Essig beschleunigt das Blauwerden.
Die entsprechende Menge Wasser in einen größeren Topf gießen, Salz, das in dünne Streifen geschnittene Gemüse und die zerkleinerten Zwiebeln sowie die Gewürze zugeben und 10 . . . 15 min kochen lassen. Inzwischen den Karpfen ausnehmen, Kopf und Schwanzpartie abschneiden, den Karpfen längs halbieren und in 6 Portionen zerlegen. Abspülen, salzen, die Haut mit kochendem Essig übergießen und die Portionen in den leicht kochenden Sud legen. Kurz aufkochen und 16 . . . 18 min garziehen. Dann die Fischportionen mit dem Fischlöffel herausheben, mit dem blauen Rücken nach oben auf

einer Platte anrichten und mit heißer Butter übergießen. Das Gemüse abgießen, das Gewürzbündelchen entfernen und das gut abgetropfte Gemüse um den Karpfen herum auf der Platte anrichten. Mit Kopfsalat oder Petersilie und Zitronenscheiben garnieren.

Wichtiger Hinweis: Die gegarten Karpfenportionen erst unmittelbar vor dem Servieren aus der Brühe nehmen, da ein vorzeitig aus dem Fond genommener Karpfen unter dem Einfluß der Luft an seiner Oberfläche schwarz wird und alle zuvor aufgewandte Vorsicht umsonst war.

Variationen:
Zu den blaugekochten Karpfenportionen kann auch gesondert entweder holländische Soße (siehe Rezept) oder warme Eiersoße (siehe Rezept), ggf. auch kalte Tatarensoße (in diesem Falle die Portionen nicht mit heißer Butter übergießen) gereicht werden. Zum blaugekochten Karpfen eignet sich auch vorzüglich Apfelmeerrettich; man reicht den Karpfen dann mit Brot oder Salzhörnchen.
Als warme Vorspeise oder Zwischengang, ggf. auch als selbständiges Gericht reichen.
Beilage: Salzkartoffeln, mit gehackter Petersilie bestreut.
Für 6 Personen

Gargezogener Karpfen blau mit Nuß-Kartoffeln (Gb)

Zutaten:
1500 g Karpfen, Salz, etwa ⅛ l Essig, 15 Pfefferkörner, 1 kleine Zwiebel, 1½ l Wasser, 40 g Butter, 3 hartgekochte Eier, Kaviar, Zitrone, Petersilie
Nuß-Kartoffeln: 2000 g Kartoffeln, Salz, 50 g Butter, 2 Eßlöffel geriebene Walnüsse

Zubereitung:
Den Karpfen vorsichtig ausnehmen, Kopf und Schwanzpartie abschneiden, den Karpfen längs halbieren und in 6 Portionen teilen. Dabei darauf achten, daß die Schleimschicht der Haut nicht abgewischt wird, da sie auf das Blauwerden des Karpfens wesentlichen Einfluß hat (siehe vorhergehendes Rezept). Die Portionen nur auf der Innenseite waschen, salzen, in eine größere Kasserolle legen und die Haut mit kochendem Essig übergießen. Wasser in einen Topf gießen, Salz, Pfeffer, in Scheiben geschnittene Zwiebel hinzufügen und das Ganze 5 min kochen. Dann die Karpfenportionen in der Kasserolle damit übergießen, aufkochen und 18 min garziehen. Die Karpfenportionen aus dem Sud heben, auf vorgewärmter Platte anrichten, mit zerlassener Butter bestreichen, Kaviareier und aufgeschnittene Zitrone darum anordnen, mit Petersilie garnieren.
Mit Nuß-Kartoffeln reichen: Große Kartoffeln waschen, schälen und kleine Kugeln ausstechen, in kaltes Wasser legen. Die Kar-

toffelkügelchen in kochendes Salzwasser schütten und garen. Dauer etwa 8 min. – Die Butter zerlassen, die geriebenen Walnüsse zugeben, die abgegossenen, gegarten Kartoffelkügelchen hineinlegen und vorsichtig mischen, damit sie gleichmäßig mit Nußbutter umgeben sind.
Zu festlichen Anlässen reichen.
Beilage: Gemüsesalat.
Für 6 Personen

Gargezogener Karpfen Mailänder Art (It) (Bild 2)

Zutaten:
6 Portionen gargezogener Karpfen (siehe Rezept «Gargezogener Karpfen mit Butter»), ½ l Fisch-Tomaten-Soße (siehe Rezept), 6 hartgekochte Eier

Zubereitung:
Die garen Karpfenportionen mit dem Fischlöffel aus dem Sud heben, auf eine Platte legen, mit heißer Tomatensoße übergießen und obenauf mit Eierscheiben belegen.
Als selbständiges Gericht reichen.
Beilage: Salzkartoffeln oder Makkaroni.
Für 6 Personen

Gargezogener Karpfen englische Art (Gb)

Zutaten:
4 Portionen Karpfen je 150 g, Salz, gemahlener Pfeffer, Macis, 1 Zwiebel, ½ Teelöffel gehackte Petersilie und Schnittlauch, 1 kleines Stück Meerrettich, 1 Lorbeerblatt, 5 Pfefferkörner, 1 Nelke, ½ l Wasser, ½ l herber Weißwein – *Zur Mehlschwitze:* 30 g Butter, 20 g Mehl – *Zur Verfeinerung:* 100 ml Sahne, 1 Eigelb

Zubereitung:
Die gesäuberten Karpfenportionen salzen, pfeffern und mit Macis bestreuen. Wasser und Weißwein, kleingeschnittene Zwiebel, Petersilie und Schnittlauch, Meerrettich, Gewürz und Salz 15 min kochen. Nun Karpfenportionen einlegen und bei geringer Wärmezufuhr 16 . . . 18 min garziehen lassen. Karpfenportionen mit dem Fischlöffel herausheben, auf einer Platte anrichten und warmstellen. Fischsud durchseihen. Aus Butter und Mehl helle Mehlschwitze bereiten, mit kaltem, durchgegossenem Karpfensud (¼ l) auffüllen, unter mehrmaligem Rühren 15 . . . 20 min kochen, mit in Sahne verquirltem Eigelb verfeinern und den auf der Platte angerichteten Karpfen mit der heißen Soße übergießen. – (Aus dem verbliebenen Sud eine Suppe bereiten.) Als selbständiges Gericht reichen.
Beilage: Salzkartoffeln, mit gehackter Petersilie bestreut.
Für 4 Personen

Gargezogener Karpfen polnische Art (P)

Zutaten:
6 Portionen Karpfen je 150 g, Salz, ¾ l Fischfond (siehe Rezept «Brühe vom Karpfen») – 50 g Butter, 30 g Mehl, 1 Eßlöffel Tomatenmark, 1 Teelöffel Delikateßpaprika, 2 Zwiebeln

Zubereitung:
Die vorbereiteten Karpfenportionen salzen, in passierten Fischsud legen und 16 min garziehen. Inzwischen aus Butter und Mehl helle Mehlschwitze bereiten, diese nach und nach mit 400 ml Fischsud auffüllen, Tomatenmark zugeben und unter ständigem Rühren 15 min kochen. Dann Paprika zusetzen, die kleingeschnittenen Zwiebeln untermengen und erneut aufkochen. Die gegarten Karpfenportionen mit dem Fischlöffel aus dem Sud heben, nach Möglichkeit entgräten, mit dem Rücken nach oben auf einer Platte anrichten und mit der vorbereiteten, durchs Sieb gestrichenen heißen Soße übergießen.
Als selbständiges Gericht reichen.
Beilage: Salzkartoffeln.
Für 6 Personen

Karpfen, gargezogen, in Gurkensoße (SU)

Zutaten:
500 g entgrätetes Fleisch vom Karpfen, 30 g Butter, 20 g Mehl, etwa 300 ml Sahne, Salz, Saft von ½ Zitrone, 1 mittelgroße Salatgurke, gemahlener Pfeffer oder Paprika, Dill oder Petersilie

Zubereitung:
In einer Kasserolle aus Butter und Mehl helle Mehlschwitze bereiten, diese nach und nach mit der kalten Sahne auffüllen und unter ständigem Rühren zu glatter Soße verrühren. Den Karpfen in 4 Portionen teilen, salzen, mit Zitronensaft beträufeln, in die Sahnesoße legen, die kleingewürfelte Gurke zugeben, salzen, mit Pfeffer oder Paprika würzen und 16 . . . 18 min garziehen lassen.
Karpfen auf Tellern anrichten, mit Soße übergießen und die einzelnen Portionen entweder mit kleingehacktem Dill oder Petersilie bestreuen.
Als selbständiges Gericht reichen.
Beilage: gekochte neue Kartoffeln.
Für 4 Personen

Gargezogener Karpfen altböhmische Art (ČSSR)

Zutaten:
6 Portionen Karpfen je 150 g, ½ l dunkles Bier, ¼ l Rotwein, ¼ l Wasser, 1 große Zwiebel, 2 Nelken, Zitronenschale, Salz

Zubereitung:
Die gesäuberten Karpfenportionen salzen. Bier, Wein und Wasser, die geschälte Zwiebel im ganzen (zuvor die beiden Nelken in die Zwiebel stecken), Zitronenschale und Salz 10 min kochen. In diesen Sud die Karpfenportionen legen und

– 50 g Butter, 50 g Zwiebeln, 2 Teelöffel Sardellenpaste, 40 g Mehl, 1 Eßlöffel Kapern, Saft von ½ Zitrone

16 ... 18 min garziehen. Karpfen aus dem Sud heben und warmstellen. Nun kleingeschnittene Zwiebel in Butter anschwitzen, Sardellenpaste zugeben, verrühren, mit Mehl bestäuben, anschwitzen, mit dem passierten Karpfenfond auffüllen, die gehackten Kapern, Zitronensaft zugeben, salzen und unter mehrmaligem Umrühren 15 ... 20 min kochen. Die garen Karpfenportionen auf einer Platte anrichten und die Soße darübergießen. Mit Zitrone und Petersilie garnieren.
Als selbständiges Gericht reichen.
Beilage: Salzkartoffeln oder Butternockerln.
Für 6 Personen

Gargezogener Karpfen mit Sellerie (R)

Zutaten:
4 Portionen Karpfen je 150 g, 400 ml Wasser, Salz, 4 Eßlöffel Essig, 1 Teelöffel Zucker, 250 g Sellerie, 50 g Butter, 30 g Mehl, 100 ml herber Weißwein, 100 ml Sahne, 1 Eigelb

Zubereitung:
Die vorbereiteten Karpfenportionen salzen und nebeneinander in eine Kasserolle legen. Wasser, Salz, Zucker, Essig zum Kochen bringen, den geputzten, in kleine Würfel geschnittenen Sellerie hineingeben und garen. Abgießen und mit dem Sud die Karpfenportionen übergießen, auf kleiner Flamme 16 ... 18 min garziehen. Den Karpfen herausnehmen, den Fond mit einer hellen Mehlschwitze, aus Butter und Mehl bereitet, binden, Wein und Sahne zugeben und unter mehrmaligem Umrühren zu einer dicken Soße verkochen. Zum Schluß die Soße mit Eigelb legieren. Die Karpfenportionen auf einer Platte anrichten, mit Sellerie garnieren und mit der heißen Soße übergießen.
Als selbständiges Gericht reichen.
Beilage: Salzkartoffeln.
Für 4 Personen

Karpfen, in Bier gargezogen (D)

Zutaten:
4 Portionen Karpfen je 150 g, Salz, ½ l helles Bier, 1 kleine Zwiebel, 1 Nelke, 1 Lorbeerblatt, 8 Pfefferkörner, 50 g Butter, 30 g Mehl

Zubereitung:
Die gesäuberten Karpfenportionen salzen, in eine Kasserolle legen, mit Bier übergießen, die ganze Zwiebel, Gewürze und die mit dem Mehl verknetete Butter zugeben und bei mäßiger Flamme 16 ... 18 min garziehen. Die gegarten Karpfenportionen vorsichtig herausheben, auf einer Platte anrichten und mit dem passierten angedickten Fond übergießen.

Als selbständiges Gericht reichen.
Beilage: Salzkartoffeln.
Für 4 Personen

Gargezogener Karpfen schwarz (ČSSR)

Zutaten:
1500 g Karpfen – *Zum Garziehen des Karpfens:* 2 l Wasser, 4 Eßlöffel Essig oder Zitronensaft, 50 g Zwiebeln, 1 Lorbeerblatt, 10 Pfefferkörner, 6 Pimentkörner, Thymian, Zitronenschale, Salz
Die Zutaten 10 min kochen und als Karpfensud verwenden. – *Zur Soße:* 50 g Butter, 120 g Gemüse (Möhre, Petersilienwurzel, Sellerie, Zwiebel), Karpfenbrühe, 40 g Soßenlebkuchen, 50 g geriebenes Brot oder 30 g Mehlschwitze, ¼ l dunkles Bier oder Rotwein, 2 Eßlöffel Zitronensaft, 40 g Pflaumenmus oder Johannisbeermarmelade, 40 g süße Mandeln, 40 g Rosinen, 40 g Walnüsse, 10 Backpflaumen, 30 g Puderzucker

Zubereitung:
Den vorbereiteten Sud zum Kochen bringen, dann den gesäuberten, ausgenommenen, in Portionen zerlegten und gesalzenen Karpfen hineinlegen und 15 min garziehen. – Butter erhitzen, das in Streifen geschnittene Gemüse und die kleingeschnittenen Zwiebeln zugeben und leicht anschwitzen. Dann das Gemüse mit ½ l Karpfenbrühe auffüllen, das geriebene Brot oder die Mehlschwitze, ferner den geriebenen Soßenlebkuchen, den zu Karamel gerösteten Zucker, Pflaumenmus oder Johannisbeermarmelade, Bier oder Wein zugeben und das Ganze ½ h kochen. Die Soße passieren, die geschälten und in Streifen geschnittenen Mandeln, die gehackten Walnüsse, die gewaschenen Rosinen, die gekochten und in kleine Streifen geschnittenen Pflaumen, Zitronensaft unterziehen und kurz aufkochen. Dann kosten, ob die Soße entsprechend süßsauer ist, und bei Bedarf nachwürzen. Den Karpfen in die Soße legen und erhitzen, anschließend auf Platte anrichten und mit Soße übergießen.
Anmerkung: Steht ein lebender Karpfen zur Verfügung, bei seinem Schlachten das Blut auffangen, das dann in die Soße gegeben wird. – Karpfen, als Schwarzfisch bereitet, schmeckt besser, wenn er fertig zubereitet über Nacht kaltgestellt und am anderen Tag nur auf mäßiger Flamme gut durchgewärmt wird.
Als selbständiges Gericht reichen.
Beilage: böhmische Knödel.
Für 6 Personen

Gedünsteter Karpfen mit Paprika (U)

Zutaten:
4 Portionen Karpfen, Salz, 20 g gemahlener Delikateßpaprika, Mehl, 80 g Butter, 60 g Zwiebeln, ¼ l Sahne, 1 Eßlöffel Zitronensaft oder Essig

Zubereitung:
Die gesäuberten Karpfenportionen salzen, mit Paprika bestreuen und mit Mehl bestäuben. Kleingeschnittene Zwiebeln in Butter anschwitzen, die vorbereiteten Karpfenportionen auflegen und kurz auf beiden Seiten anbraten. Dann unter mehrmaligem Übergießen mit Sahne zugedeckt weichdünsten. Da-

nach herausheben und auf Platte anrichten. Den Sahnefond sauer abschmecken, passieren und über den Karpfen gießen. Als selbständiges Gericht servieren.
Beilage: Butternockerln, Reis oder Salzkartoffeln.
Für 4 Personen

Gedünsteter Karpfen mit Pfeffer (Gr)

Zutaten:
4 Portionen Karpfen je 150 g (Mittelgräte entfernt), 2 Knoblauchzehen, Salz, gemahlener Pfeffer, 300 g rohe Kartoffeln, 150 g Zwiebeln, 80 g Butter, Petersilie, Saft von 1 Zitrone und Fischbrühe oder Fleischbrühe vom Brühwürfel

Zubereitung:
Die vorbereiteten Karpfenportionen mit dem zerdrückten Knoblauch bestreichen, salzen und pfeffern. Kartoffeln und Zwiebeln schälen und in dünne Scheiben schneiden. Eine feuerfeste Schüssel oder eine Kasserolle mit Butter ausstreichen und die vorbereiteten Karpfenportionen nebeneinander mit dem Rükken nach oben hineinlegen. Die zwischen den Portionen entstandenen Lücken mit den Kartoffel- und Zwiebelscheiben ausfüllen und das Ganze so weit mit Brühe auffüllen, bis die Karpfenportionen bedeckt sind. Die Oberfläche mit feingehackter Petersilie bestreuen, mit Zitronensaft beträufeln, mit einem Deckel bedecken und 40 min in der Backröhre dünsten.
In der feuerfesten Schüssel als selbständiges Gericht servieren.
Beilage: Rohkost-Gemüsesalat.
Für 4 Personen

Karpfen, in Letscho gedünstet (B)

Zutaten:
4 Portionen Karpfen, 2 Eßlöffel Öl, 1 große Zwiebel, 150 g Gemüsepaprika und 150 g Tomaten (es empfiehlt sich, die Tomaten vorher abzuziehen und zu entkernen) oder 300 g Letscho im Glas, 2 Knoblauchzehen, gemahlener Pfeffer, Salz, Brühe

Zubereitung:
Die in Scheiben geschnittene Zwiebel in Öl anschwitzen, den in schmale Scheiben geschnittenen und von den Samen befreiten Gemüsepaprika zugeben und 10 min dünsten. Dann die in Scheiben geschnittenen Tomaten und den gehackten Knoblauch hinzufügen, salzen, pfeffern und wiederum dünsten, bis der Tomatensaft austritt. Dann die gesalzenen Karpfenportionen einlegen, mit etwas Brühe auffüllen und 18 min dünsten. Jede Portion kann noch mit geriebenem Meerrettich bestreut werden.
Als selbständiges Gericht reichen.
Beilage: Salzkartoffeln.
Für 4 Personen

Gedünsteter Karpfen Seemannsart (F)

Zutaten:
6 Portionen Karpfen, Salz, gemahlener Pfeffer oder Chillies, 60 g Butter, 200 g Gemüse (Möhre, Sellerie), 60 g Zwiebeln, 100 ml Fischbrühe oder Fleischbrühe vom Brühwürfel, 200 ml Rotwein, 50 g Mehlbutter, 2 Eßlöffel Weinbrand, 1 Teelöffel Worcestersoße – 1 Zwiebel zum Bestreuen

Zubereitung:
Die Karpfenportionen salzen, schwach pfeffern und in einer Kasserolle mit Butter von allen Seiten schnell anbraten. Dann das feinstreifig geschnittene Gemüse und die Zwiebeln zugeben, mit Brühe und Rotwein auffüllen, die Mehlbutter hineingeben, zudecken und in der Backröhre weichdünsten. Den garen Karpfen herausnehmen und auf einer Platte anrichten. Den angedickten Fond passieren, mit Worcestersoße und Weinbrand abschmecken, nachsalzen und den Karpfen mit der Soße übergießen. Die Oberfläche der Karpfenportionen mit feingeschnittener Zwiebel bestreuen.
Als selbständiges Gericht servieren.
Beilage: Salzkartoffeln oder gedünsteter Reis.
Für 6 Personen

Gedünsteter Karpfen Pilsner Art (ČSSR)

Zutaten:
4 Portionen Karpfen, Salz, 1 Eßlöffel Zitronensaft, 4 Eßlöffel Öl, 4 Scheiben Schinkenspeck, 1 Zwiebel, 1 Lorbeerblatt, 12 Pfefferkörner, $^1/_2$ l helles Bier, 60 g Soßenlebkuchen, 30 g Butter zur Verfeinerung

Zubereitung:
Die Karpfenportionen salzen, mit Zitronensaft beträufeln und für einige Zeit kaltstellen. In einer Kasserolle die Schinkenspeckscheiben in Öl braten, die vorbereiteten Karpfenportionen darauflegen, die zerkleinerte Zwiebel und die Gewürze zugeben, mit Bier auffüllen, bis die Karpfenportionen zur Hälfte bedeckt sind, zudecken und gardünsten. Dann Karpfenportionen und Schinken herausnehmen und auf einer Platte warmstellen. Den Fischfond mit geriebenem Soßenlebkuchen binden, aufkochen lassen, passieren und nachsalzen, würzen und zuletzt mit Butterflocken verfeinern. Den Karpfen damit übergießen. Er kann mit abgezogenen, streifig geschnittenen Mandeln bestreut werden.
Als selbständiges Gericht reichen.
Beilage: Salzkartoffeln oder in Butter geröstetes Weißbrot.
Für 4 Personen

Gedünsteter Karpfen mit Knoblauch (K)

Zutaten:
4 Portionen Karpfen, 60 g Speck, Salz, 3 Knoblauchzehen,

Zubereitung:
Die vorbereiteten Karpfenportionen mit Speckstreifen spicken, mit Knoblauch bestreichen, der zuvor mit Salz zerdrückt wurde,

30 g Mehl, 60 g Butter, 200 ml Fischsud oder Fleischbrühe vom Brühwürfel, ggf. Weißwein

mit Mehl bestäuben. In einer Kasserolle die Butter zerlassen, die Karpfenportionen mit der Haut nach unten hineinlegen und 8 min braten. Dann die Portionen wenden, mit Sud oder Wein auffüllen, zudecken und gardünsten.
Mit dem durchgeseihten Fischfond als selbständiges Gericht reichen.
Beilage: Salzkartoffeln oder gebratene Kartoffeln.
Für 4 Personen

Karpfen, in Gemüse mit Weißwein gedünstet (F)

Zutaten:
1500 g Karpfen, 200 g Gemüse (Kohlrabi, Sellerie, Petersilienwurzel, Möhre), 50 g Zwiebeln, 1 Lorbeerblatt, Thymian oder Basilikum und Koriander, 60 g Butter, 400 ml herber Weißwein, Salz, 60 g Mehlbutter, Zitronensaft, 2 Eigelb

Zubereitung:
Karpfen ausnehmen, waschen und in 6 Portionen zerlegen. In Kasserolle Butter zerlassen, das kleingewürfelte Gemüse, Zwiebeln, Salz und Gewürze dazugeben und halbweich dünsten. Bei Bedarf etwas Wasser oder Brühe zugießen. Dann die gesalzenen Karpfenportionen dazugeben, mit Wein auffüllen und den Fisch dünsten (Dauer 20 min). Herausheben, auf einer vorgewärmten Platte anrichten und mit dem abgegossenen Gemüse umlegen. Den verbliebenen Fond mit Zitronensaft abschmekken, mit Mehlbutter binden, aufkochen, mit Eigelb legieren und mit der Soße entweder den Karpfen übergießen oder die Soße gesondert reichen.
Als wärmen Zwischengang oder als selbständiges Gericht reichen.
Beilage: Salzkartoffeln oder Butternockerln.
Für 6 Personen

Gedünsteter Karpfen mit Peperoni (It)

Zutaten:
6 Portionen Karpfen, Salz, 6 Knoblauchzehen, 4 Peperoni, 80 g Butter, 200 ml herber Weißwein oder Fischsud

Zubereitung:
Die vorbereiteten Karpfenportionen mit Knoblauch bestreichen, der zuvor mit Salz zerdrückt wurde, mit feingehackten Peperoni bestreuen. In Kasserolle Butter zerlassen, die Karpfenportionen mit der Haut nach unten einlegen und etwa 8 min braten. Wenden, mit Wein oder Fischsud angießen, zudecken und gardünsten. Den garen Karpfen mit dem passierten Fond servieren.
Als selbständiges Gericht reichen.
Beilage: Salzkartoffeln oder gebratene Kartoffeln.
Für 6 Personen

Bild 1. Karpfensuppe Fischerart

Bild 2. Gargezogener Karpfen Mailänder Art

Bild 3. Überbackener Karpfen mit Porree

Bild 4. Teufelskarpfen, gebraten

Bild 5. Karpfen in Alufolie

Bild 6. Gebackener Karpfen Kiewer Art

Bild 7. Karpfenragout

Bild 8. Marinierter Karpfen Gärtnerinart

Mit Speck gedünsteter Karpfen ungarische Art (U)

Zutaten:
6 Portionen Karpfen je 150 g, Fischsud oder Fleischbrühe (von einem Brühwürfel), 120 g Schinkenspeck, 40 g geriebene Zwiebeln, Salz, 20 g Delikateßpaprika

Zubereitung:
Die vorbereiteten Karpfenportionen salzen und in einer kleinen Menge Brühe 12 min dünsten. In Kasserolle den kleingewürfelten Speck auslassen, die geriebene Zwiebeln zugeben, etwas anschwitzen, mit Paprika bestäuben, mit 200 ml Brühe vom Dünsten des Karpfens auffüllen und aufkochen. Den Karpfen einlegen und noch einmal 5 min garen. Dann auf Platte anrichten, mit der Soße begießen und mit gehackter Petersilie bestreuen.
Als selbständiges Gericht reichen.
Beilage: Salzkartoffeln oder Kartoffelpüree und Frischkost-Gemüsesalat.
Für 6 Personen

Gedünsteter Karpfen mit Kapernsoße (D)

Zutaten:
6 Portionen Karpfen, Salz, 1 Eßlöffel Zitronensaft, 1 Lorbeerblatt, 8 Pfefferkörner, Thymian (die Gewürze in ein Leinentüchlein binden), 200 ml Fischsud oder Weißwein, $^1/_2$ l Kapernsoße (siehe Rezept)

Zubereitung:
Die vorbereiteten Karpfenportionen salzen, mit Zitronensaft beträufeln, in Kasserolle legen, mit Brühe oder Wein auffüllen, Gewürze zugeben und 15 min dünsten. Dann das Leinensäckchen mit den Gewürzen herausnehmen, dem Fond die Kapernsoße zusetzen und den Karpfen darin noch weitere 5 min dünsten.
Als selbständiges Gericht reichen.
Beilage: Salzkartoffeln oder Reis.
Für 6 Personen

Gedünsteter Karpfen griechische Art (Gr)

Zutaten:
4 Portionen Karpfen je 150 g, 50 g Schinkenspeck, Salz, gemahlener Pfeffer, $^1/_8$ l saure Sahne, 50 g Butter

Zubereitung:
Aus den gesäuberten Karpfenportionen die Mittelgräte lösen und mit Speckstreifen spicken. Salzen, pfeffern, in eine mit Butter ausgeriebene feuerfeste Form geben, mit der verquirlten Sahne übergießen und in der Backröhre langsam garen.
Als selbständiges Gericht reichen.
Beilage: Salzkartoffeln.
Für 4 Personen

Gedünsteter Karpfen mit Pilzen Rožmberker Art (ČSSR)

Zutaten:
4 Portionen Karpfen je 150 g, 1 Zitrone, Salz, Mehl, 60 g Zwiebeln, 80 g Butter, 200 ml Fischsud (siehe Rezept «Brühe vom Karpfen»), 200 ml herber Weißwein, 150 g Steinpilze oder Champignons, $^1/_8$ l Sahne, Dill, 1 Teelöffel Zucker, 2 Teelöffel Zitronensaft

Zubereitung:
Die vorbereiteten Karpfenportionen auf der oberen Seite mit einem scharfen Messer mehrmals einschneiden, in die entstandenen Schlitze Zitronenstücke schieben. (Die Zitrone längs in 8 bis 12 Teile zerlegen.) Dann die Karpfenportionen salzen und mit Mehl bestäuben. In einer Kasserolle die kleingeschnittenen Zwiebeln in Butter anschwitzen, die Karpfenportionen einlegen und unter mehrmaligem Auffüllen mit Fischsud oder Wein bis zur Gare dünsten. Dann die Karpfenportionen in eine andere Kasserolle geben, zudecken und warmstellen. Den Karpfenfond passieren, die in Scheiben geschnittenen Pilze hineingeben, garen, die Sahne, mit einem Teelöffel Mehl verquirlt, zugießen, gehackten Dill und Zitronensaft zugeben, salzen, mit ein wenig Zucker abschmecken und kurz aufkochen lassen. Die Karpfenportionen auf einer Platte anrichten, die Soße darübergießen und servieren.
Als selbständiges Gericht reichen.
Beilage: Salzkartoffeln oder Butternockerln.
Für 4 Personen

Gedünsteter Karpfen in Rotwein (F)

Zutaten:
6 Portionen Karpfen, Salz, 1 Eßlöffel Zitronensaft, $^1/_2$ l herber Rotwein, 60 g Zwiebeln, Zitronenschale, 1 Lorbeerblatt, 1 Prise Zucker – 12 Oliven

Zubereitung:
Die vorbereiteten Karpfenportionen salzen und mit Zitronensaft beträufeln. Rotwein, feingehackte Zwiebeln, Zitronenschale, Lorbeerblatt, Zucker zum Kochen bringen. Darin den Karpfen 18 min garziehen. Karpfen herausheben, auf eine Platte legen und mit dem passierten Fond übergießen. Mit gehackten Oliven bestreuen.
Als selbständiges Gericht reichen.
Beilage: in Butter oder Öl angeschwitzte Semmelscheiben.
Für 6 Personen

Gedünsteter Karpfen polnische Art (P)

Zutaten:
6 Portionen Karpfen je 150 g, Salz, 1 l Gemüse- oder Fischsud (siehe Rezept «Brühe

Zubereitung:
Die vorbereiteten Karpfenportionen salzen, mit Zitronensaft beträufeln, nebeneinander in Kasserolle legen, etwas Brühe aufgießen und zugedeckt 15 min dünsten. – Aus Butter, Mehl und

vom Karpfen») – *Zur Soße:* 50 g Butter, 40 g Mehl, 20 g Zwiebel, verbliebene Brühe, 100 ml herber Rotwein, 40 g süße Mandeln, 40 g Rosinen, abgeriebene Zitronenschale, 50 g Soßenlebkuchen, Salz, etwa 30 g Zucker, Saft von 1 Zitrone

feingehackter Zwiebel eine helle Mehlschwitze bereiten, nach und nach mit der verbliebenen kalten Brühe auffüllen ($^1/_2$ l) und unter ständigem Rühren 15 min langsam kochen. Den geriebenen Soßenlebkuchen in die Soße geben und gut verkochen. Anschließend passieren, Wein zugießen, Zitronensaft, Salz, Zukker, die gebrühten, geschälten und feinstreifig geschnittenen Mandeln, die verlesenen und gesäuberten Rosinen und die Zitronenschale zugeben und aufkochen. Karpfenportionen aus dem Sud nehmen, in die Soße legen und heiß werden lassen.
Als selbständiges Gericht reichen.
Beilage: Salzkartoffeln, Nudelflecke oder gedünsteter Reis.
Für 6 Personen

Gebackener Karpfen mit Tomaten (R)

Zutaten:
800 g Fleisch vom Karpfen, 1 Zitrone, 400 g frische, feste Tomaten, Salz, gemahlener Pfeffer, 2 Eier, $^1/_4$ l saure Sahne, 1 kleine Zwiebel, 30 g Mehl, Butter

Zubereitung:
Karpfenfilet in dünne Scheiben schneiden, mit Zitronensaft beträufeln und salzen. Die abgezogenen Tomaten in Scheiben schneiden, salzen und leicht pfeffern. Feuerfeste Form mit Butter ausstreichen und abwechselnd Karpfenscheiben und Tomatenscheiben einschichten. Die Eier mit saurer Sahne, geriebener Zwiebel, Mehl, etwas Salz gut verquirlen und über den vorbereiteten Karpfen mit den Tomaten gießen. Obenauf Butterflocken setzen und in der vorgeheizten Backröhre 30 . . . 40 min backen.
Als selbständiges Gericht reichen.
Beilage: Salzkartoffeln.
Für 4 Personen

Überbackener Karpfen mit Eiern (Sz)

Zutaten:
6 Portionen Karpfen, Salz, gemahlener Pfeffer, Öl zum Braten – 6 Eier, 4 Eßlöffel Tomatenketchup, 100 g Reibekäse, 60 g Butter

Zubereitung:
Die gesäuberten, gewaschenen und abgetrockneten Karpfenportionen salzen, schwach pfeffern und in Öl 12 min braten. Nebeneinander in eine mit Butter ausgestrichene feuerfeste Kasserolle legen. Die Eier mit Ketchup verquirlen, salzen und über die Karpfenportionen gießen. Obenauf mit Käse bestreuen, mit Butter beträufeln und in sehr gut vorgeheizter Backröhre so lange backen, bis die Eier fest werden.
Als selbständiges Gericht reichen.
Beilage: Salzkartoffeln oder Reis und Rohkost-Gemüsesalat.
Für 6 Personen

Karpfen, überbacken, Bauernart (M)

Zutaten:
300 g Karpfenfilet (ohne Haut), Salz, gemahlener Pfeffer, 30 g Butter, 50 g Zwiebeln, 4 gekochte Kartoffeln, 2 Eier, Schnittlauch

Zubereitung:
Die Karpfenfilets in größere Stücke schneiden, salzen und leicht pfeffern. Feingeschnittene Zwiebeln in Butter anschwitzen, Karpfenfleisch auflegen und auf beiden Seiten 8 min braten. Dann in ein niedriges, mit Butter ausgestrichenes Gefäß legen. Im Fett mit der Zwiebel, in dem der Karpfen gebraten wurde, die gekochten, in Scheiben geschnittenen Kartoffeln mit der Zwiebel über den gebratenen Karpfen verteilen, mit verquirlten gesalzenen Eiern übergießen und in der vorgeheizten Backröhre backen, bis die Eier fest sind. In der feuerfesten Form auftragen, mit feingeschnittenem Schnittlauch bestreuen.
Als selbständiges Gericht reichen.
Beilage: Sellerie- oder Möhrensalat.
Für 2 Personen

Gebackener Karpfen mit Mandeln und Nüssen (P)

Zutaten:
4 Portionen Karpfen je 150 g, 50 g süße Mandeln, 50 g Nüsse, 100 g Zwiebeln, 2 Knoblauchzehen, 2 Eßlöffel feines Semmelmehl, Zitronensaft, Salz, gemahlener Pfeffer, Öl – 50 g Butter zum Beträufeln der Speise und zum Ausstreichen der feuerfesten Form

Zubereitung:
Die abgezogenen Mandeln und Nüsse fein mahlen, mit Zitronensaft beträufeln, die pürierten Zwiebeln, den zerdrückten Knoblauch, Salz und Pfeffer zugeben und das Ganze mit Semmelmehl andicken. Die vorbereiteten Karpfenportionen salzen, kurz auf beiden Seiten in Öl goldgelb braten, dann mit dem Gemisch bestreichen, nebeneinander in eine mit Butter ausgestrichene feuerfeste Form legen, obenauf mit Butter beträufeln und 15 min in der Röhre backen.
Als selbständiges Gericht reichen.
Beilage: Salzkartoffeln oder Reis.
Für 4 Personen

Überbackener Karpfen mit Porree (D) (Bild 3)

Zutaten:
4 Portionen Karpfen je 150 g, 1 Eßlöffel Zitronensaft, 600 g Porree, 200 ml Wasser, Salz, 40 g Butter, 4 Scheiben Schnittkäse, 10 g Delikateßpaprika – Öl oder

Zubereitung:
Die gesäuberten Karpfenportionen mit Zitronensaft beträufeln, salzen und 1 h kaltstellen. Den geputzten und gewaschenen Porree in 2 cm lange Stücke schneiden, 10 min dünsten. Eine feuerfeste Form mit Fett ausstreichen, den abgegossenen Porree in der Form ausbreiten, darauf die vorbereiteten Karpfenportionen nebeneinanderlegen, mit Butter beträufeln und in der vor-

Butter zum Ausstreichen der feuerfesten Form oder der Bratpfanne

geheizten Backröhre 15 min backen. Dann auf jede Karpfenportion eine Scheibe Käse legen, mit Paprika bestreuen und bis zum Zerlaufen des Käses in der Röhre überbacken.
Als selbständiges Gericht reichen.
Beilage: Salzkartoffeln.
Für 4 Personen

Überbackener Karpfen mit Schinkenspeck (Gb)

Zutaten:
4 Portionen Karpfen, Salz, Zitronensaft, 4 Teelöffel Currypaste (kann auch selbst durch Verrühren von Curry, Frischkäse und saurer Sahne zubereitet werden), 4 Scheiben Schinkenspeck, 100 g Reibekäse, 30 g Butter zum Ausstreichen der feuerfesten Schüssel

Zubereitung:
Die vorbereiteten Karpfenportionen zunächst von allen Seiten mit Zitronensaft beträufeln, ruhen lassen, dann gleichmäßig salzen und mit Currypaste bestreichen. Auf jede Portion eine Scheibe Schinkenspeck legen, die auf beiden Seiten eingeritzt wurde, in eine mit Butter ausgestrichene feuerfeste Schüssel legen und in der Röhre backen. Wenn der Speck auszubacken beginnt, die Oberfläche mit Reibekäse bestreuen und goldgelb überbacken.
Als selbständiges Gericht reichen.
Beilage: gebratene Kartoffeln und Rohkost-Gemüsesalat.
Für 4 Personen

Überbackener Karpfen mit Reis (T)

Zutaten:
250 g gebratener Karpfen, 2 Eßlöffel Öl, 250 g gedünsteter Reis (siehe Rezept), 2 Eigelb, 60 g Reibekäse, $^1/_2$ Zwiebel, 150 g frische Pilze, 3 Tomaten, gemahlener Pfeffer, Salz

Zubereitung:
In einer Kasserolle die feingehackte Zwiebel in Öl anschwitzen, den gekochten Reis dazugeben, mit der Hälfte des Reibekäses bestreuen, die Eigelbe vorsichtig unterziehen, das entgrätete und kleingeschnittene Karpfenfleisch, die in Scheiben geschnittenen, in Butter gedünsteten Pilze und die geschälten, kleingewürfelten Tomaten daruntermengen. In eine mit Butter ausgestrichene feuerfeste Schüssel geben, obenauf mit dem restlichen Reibekäse bestreuen und in vorgeheizter Backröhre etwa 25 min überbacken.
Als selbständiges Gericht mit Ketchup und Frischkost-Gemüsesalat reichen.
Für 3 Personen

Überbackener Karpfen Moskauer Art (SU)

Zutaten:
400 g Karpfenfilets (entgrätet und ohne Haut), Salz, gemahlener Pfeffer, Mehl, 40 g Butter oder Öl, 250 g gekochte Kartoffeln, 200 ml helle Fischsoße (siehe Rezept), 4 Eßlöffel Sahne, 2 Eigelb, 30 g Reibekäse, 30 g geriebene Semmel, 30 g Butter zum Beträufeln, Petersilie

Zubereitung:
Karpfenfilets in 3 oder 4 Scheiben schneiden, salzen, leicht pfeffern, mit Mehl bestäuben und auf beiden Seiten in Butter braten. In mit Fett ausgestrichene feuerfeste Porzellanschüssel oder eine Kasserolle legen, rundherum die in Scheiben geschnittenen gekochten Kartoffeln verteilen. Darüber helle Fischsoße gießen, die mit Sahne und Eigelb verrührt wurde, mit geriebener Semmel und Reibekäse bestreuen, mit Butter beträufeln und in vorgeheizter Backröhre 10 . . . 15 min überbacken. Mit gehackter Petersilie bestreut als warmen Zwischengang oder Hauptgang reichen.
Beilage: saure Gurke oder Selleriesalat.
Für 2 Personen

Überbackener Karpfen italienische Art (It)

Zutaten:
4 Portionen Karpfen, Salz, gemahlener Pfeffer, 4 Eßlöffel Öl, 60 g Zwiebeln, 40 g Butter, 300 g gekochte Spaghetti, 4 Tomaten, Petersilie, Zitronensaft, 50 g Reibekäse, 30 g Butter zum Beträufeln

Zubereitung:
Die Karpfenportionen entgräten, salzen und pfeffern. Die feingehackten Zwiebeln in Öl goldgelb anschwitzen, darauf die vorbereiteten Karpfenportionen legen und auf beiden Seiten schnell braten (insgesamt 10 min). Eine feuerfeste Form oder eine Kasserolle mit Butter ausstreichen, die gebratenen Karpfenportionen mit Zwiebel und Bratfett hineingeben und rundherum die gekochten Spaghetti verteilen. Darüber die in Scheiben geschnittenen Tomaten anordnen und mit gehackter Petersilie bestreuen, salzen, mit Zitronensaft beträufeln, mit Reibekäse bestreuen und mit zerlassener Butter beträufeln. In die vorgeheizte Backröhre schieben und 20 min überbacken.
Als selbständiges Gericht reichen.
Für 4 Personen

Gebackener Karpfen norwegische Art (No)

Zutaten:
4 entgrätete Portionen Karpfen, Salz, gemahlener Pfeffer, 60 g Butter, 1 Eßlöffel Dill, 300 ml Sahne, 60 g geriebene Semmel, 80 g Reibekäse

Zubereitung:
Die gesäuberten, gesalzenen und gepfefferten Karpfenportionen nebeneinander in eine mit Butter ausgestrichene feuerfeste Form geben. Den Dill abspülen, hacken, der Sahne untermengen und diese über den Karpfen gießen. Obenauf mit geriebener Semmel und geriebenem Käse bestreuen und in der vorgeheizten Backröhre 20 . . . 30 min backen.

Als selbständiges Gericht reichen.
Beilage: Salzkartoffeln und Frischkost-Gemüsesalat.
Für 4 Personen

Gebratener Karpfen (X)

Zutaten:
1500 g Karpfen, Salz, gemahlener Pfeffer, Zitronensaft, 80 . . . 100 g Bratfett, ggf. Fischbrühe oder Wasser, Butter zum Verfeinern

Karpfen wird entweder halbiert oder portioniert in der Pfanne gebraten (12 . . . 15 min) oder in der Backröhre gegart (25 . . . 30 min). Er wird meist in Butter oder Öl gebraten, manchmal auch in Schweinefett. Beim Braten des Karpfens empfiehlt es sich, Haut und Flossen, insbesondere die Schwanzflossen, nicht zu entfernen, da sonst ein sehr pikanter Teil verlorenginge. Knusprig gebraten sind Flossen und Haut echte Lekkerbissen.

Zubereitung:
Den Karpfen säubern, ausnehmen, Kopf abhacken, Fisch waschen und entweder längs halbieren oder in 6 Portionen teilen. Die Karpfenhälften an der oberen Seite einige Male quer einschneiden, damit sie sich beim Braten nicht wölben. Salzen, mit Zitronensaft beträufeln und 1 h im Kühlen ruhen lassen. Danach abtrocknen, noch einmal leicht salzen, schwach pfeffern, in heißes Fett legen und braten. – *Portionierter Karpfen* wird gewöhnlich auf dem Herd gebraten, *halbierter Karpfen* in der Röhre.
Den in der Röhre bratenden Karpfen mehrmals während des Garvorganges mit dem entstandenen Bratenfond begießen und je nach Bedarf mit etwas Brühe oder Wasser angießen. Den garen Karpfen auf einer Platte anrichten. Der Bratenfond wird mit Butter verfeinert, gesalzen, aufgekocht, durchgeseiht und über den Karpfen gegossen. Mit Kopfsalat und Zitrone garnieren.
Als selbständiges Gericht reichen.
Beilage: Brot, Salzkartoffeln, gebratene oder gebackene Kartoffeln, pikante Soßen, insbesondere kalte Soßen, geriebener Meerrettich, Gemüsesalate.
Für 6 Personen

Gebratener Karpfen Třeboňer Art (ČSSR)

Zutaten:
4 Portionen Karpfen je 150 g, Salz, 6 Knoblauchzehen,

Zubereitung:
Die Karpfenportionen mit Knoblauch bestreichen, der zuvor mit Salz zerdrückt wurde. Mit frisch gemahlenem Kümmel be-

1 Teelöffel Kümmel, 80 g Butter oder Schweinefett, Fischsud oder Wasser

streuen und in Butter oder Schweinefett in der Backröhre 15 min braten. Beim Braten den Karpfen von Zeit zu Zeit mit dem ausgetretenen Saft begießen, der bei Bedarf mit etwas Brühe oder Wasser zu verlängern ist.
Als selbständiges Gericht reichen.
Beilage: gebratene Kartoffeln oder Kartoffelpüree und Selleriesalat.
Für 4 Personen

Mit Paprika gebratener Karpfen und Topinky (U)

Zutaten:
6 Portionen Karpfen je 150 g, Salz, 30 g Butter – *Zur Paprikasoße:* 100 g Speck, 120 g Zwiebeln, 2 Knoblauchzehen, 40 g Delikateßpaprika, $^1/_2$ l Brühe vom Brühwürfel, Salz

Zubereitung:
Die gesäuberten Karpfenportionen waschen, abtrocknen, salzen und nebeneinander in eine mit Butter ausgestrichene Bratpfanne legen. – In einer Kasserolle den kleingewürfelten Speck auslassen, die feingehackten Zwiebeln sowie den geriebenen Knoblauch zugeben, etwas anschwitzen und vom Feuer nehmen. Nach dem Abkühlen den Paprika unterrühren, mit Brühe auffüllen, salzen und aufkochen. Über die Karpfenportionen gießen und 15 . . . 20 min in der vorgeheizten Backröhre garen. Von Zeit zu Zeit Paprika-Bratensaft über den Fisch gießen.
Als selbständiges Gericht reichen.
Beilage: Topinky (siehe Rezept «Gebackene Topinky»).
Für 6 Portionen

Gebratener Karpfen mit pikanter kalter Soße (Ö)

Zutaten:
6 Portionen Karpfen je 150 g, Salz, Zitronensaft, Mehl, Butter oder Öl zum Braten, Tatarensoße (siehe Rezept), 1 Eßlöffel Tomatenketchup

Zubereitung:
Aus Portionen die Mittelgräte lösen, die Portionen salzen, mit Zitronensaft beträufeln, in Mehl wälzen und in heißem Fett auf beiden Seiten schnell braten. – Die Tatarensoße mit Tomatenketchup verrühren und gesondert in der Sauciere reichen.
Als selbständiges Gericht reichen.
Beilage: gebratene oder gebackene Kartoffeln.
Für 6 Personen

Gebratener Karpfen Valticer Art (ČSSR)

Zutaten:
4 Portionen Karpfen, 50 g Öl, Zitronensaft, 3 bis 4 Knoblauchzehen, Petersilie, Selleriekraut, gemahlener Pfeffer, Salz

Zubereitung:
Den Knoblauch mit Salz zerdrücken und mit feingehackter Petersilie, gehacktem Selleriekraut und Pfeffer vermengen. Jede Karpfenportion mit diesem Gemisch bestreichen und $^1/_4$ h ruhen lassen. Dann in Öl auf beiden Seiten goldgelb braten und vor dem Servieren mit Zitronensaft beträufeln.
Als selbständiges Gericht reichen.
Beilage: Salzkartoffeln und Rohkost-Gemüsesalat.
Für 4 Personen

Gebratener Karpfen Art schöne Müllerin (X)

Zutaten:
6 Portionen Karpfen je 150 g, Salz, gemahlener Pfeffer, Mehl, 100 g Öl, Zitronensaft, Petersilie, 50 g Butter

Zubereitung:
Aus den Karpfenportionen die Mittelgräte lösen, die Portionen ggf. ein wenig klopfen, salzen, pfeffern, in Mehl wälzen und in heißem Öl schnell braten. Auf einer Platte anrichten. Dem Bratenfett Butter und feingehackte Petersilie zusetzen, Zitronensaft darüberträufeln, verrühren und über die Karpfenportionen gießen.
Als selbständiges Gericht reichen.
Beilage: Brot, gebratene oder gebackene Kartoffeln, ggf. Kartoffelkroketten und Rohkostsalat.
Für 6 Personen

Gebratener Karpfen mit Kümmel (M)

Zutaten:
1500 g Karpfen, Salz, Kümmel, Mehl, 60 g Speck, 60 g Butter, Fischfond oder Wasser

Zubereitung:
Den Karpfen säubern, ausnehmen, den Kopf abtrennen, längs in zwei Hälften teilen und die Mittelgräte auslösen. Dann die beiden Hälften an der Oberseite einige Male quer schräg einschneiden, salzen, mit ganzem oder gestoßenem Kümmel bestreuen und mit Mehl bestäuben. In der Bratpfanne den kleingewürfelten Speck etwas auslassen, Butter zugeben, die vorbereiteten Karpfenhälften auflegen und in der Röhre von beiden Seiten braten. Während des Bratens hin und wieder mit dem ausgetretenen Saft begießen, bei Bedarf etwas Brühe oder Wasser zusetzen. Den gebratenen Karpfen auf einer Platte anrichten, mit dem Bratensaft übergießen, mit feingehackter Petersilie bestreuen und mit Zitronensaft beträufeln.

Als selbständiges Gericht reichen.
Beilage: gebratene Kartoffeln, ggf. Kartoffelsalat oder Kartoffelpüree und Sellerie- oder Gurkensalat.
Für 6 Personen

Gebratener Karpfen mit Salbei (M)

Zutaten:
1500 g Karpfen, Salz, gemahlener Pfeffer, Salbei, 80 g und 40 g Butter, ⅛ l Sahne, Fischsud oder Wasser

Zubereitung:
Den Karpfen säubern, ausnehmen, den Kopf abtrennen und längs in zwei Hälften teilen. Beide Hälften salzen, pfeffern und mit zerriebenem Salbei bestreuen. In der Bratpfanne Butter erhitzen, die Karpfenhälften einlegen, von der verbliebenen Butter Flöckchen aufsetzen und in der Backröhre auf beiden Seiten bei starker Hitze 25 . . . 30 min braten. Während des Garens den Karpfen von Zeit zu Zeit mit dem Bratensaft begießen, dem bei Bedarf etwas Brühe oder Wasser zugesetzt wird, damit die Butter nicht verbrennt. Auf einer Platte anrichten. Dem Bratensaft die Sahne zusetzen, zum Kochen bringen und durchgeseiht über den Karpfen gießen.
Als selbständiges Gericht reichen.
Beilage: Salzkartoffeln, Frischkostsalat.
Für 6 Personen

Karpfen, gebraten, mit Meerrettich (J)

Zutaten:
6 Portionen Karpfen je 150 g, Salz, gemahlener Pfeffer, 150 g Öl, 2 Eßlöffel geriebener Meerrettich, 60 g Butter

Zubereitung:
Aus den Karpfenportionen die Mittelgräte lösen, die Portionen salzen, pfeffern und in heißem Öl auf beiden Seiten schnell rosa braten. Dann auf einer Platte anrichten, die einzelnen Portionen mit geriebenem Meerrettich bestreuen, den Meerrettich mit zerlassener heißer Butter übergießen und mit Zitrone und Petersilie garnieren.
Als warmen Zwischengang oder als selbständiges Gericht reichen.
Beilage: Brot, gebratene oder gebackene Kartoffeln, kalte Tatarensoße oder Remouladensoße und Tomaten- oder Gurkensalat.
Für 6 Personen

Gebratener Karpfen mit Sardellenpaste (Sw)

Zutaten:
4 Portionen Karpfen je 150 g, Salz, Mehl, 60 g Butter, 50 g Zwiebeln, 8 Pfefferkörner, 1 Nelke, 1 Lorbeerblatt, Zitronenschale, 2 Teelöffel Sardellenpaste, Fischsud oder Wasser, ¼ l saure Sahne

Zubereitung:
Die Karpfenportionen salzen und mehlieren. Die feingeschnittenen Zwiebeln in Butter anschwitzen, Gewürze, Zitronenschale, Sardellenpaste zugeben und vermengen. Die bereitstehenden Karpfenportionen darauflegen und 15 min in der Backröhre braten. Mit etwas Brühe oder Wasser angießen. Kurz vor Ende der Garzeit die saure Sahne über den Fisch gießen. Auf einer vorgewärmten Platte anrichten und die passierte Sahnesoße darübergießen.
Als selbständiges Gericht reichen.
Beilage: Salzkartoffeln.
Für 4 Personen

Gebratener Karpfen in Sardellenbutter mit Gemüse (D)

Zutaten:
4 Portionen Karpfen je 150 g, Salz, 150 g Butter, 3 Teelöffel Sardellenpaste, 120 g Sellerie, 120 g Petersilienwurzel, ½ l Fischsud oder Fleischbrühe vom Brühwürfel

Zubereitung:
Butter mit der Sardellenpaste gut vermengen. Die Karpfenportionen salzen, mit der Hälfte der Sardellenbutter bestreichen, nebeneinander in eine Bratpfanne legen, zwischen die einzelnen Portionen das kleingewürfelte Gemüse geben, mit etwas Brühe angießen und 10 min in der Röhre dünsten. Anschließend die Karpfenportionen in eine Kasserolle legen, mit der restlichen Sardellenbutter bestreichen und noch einmal 10 min in der Backröhre braten. Das Gemüse noch ein wenig dünsten und zusammen mit den Salzkartoffeln als Beilage zum Karpfen reichen.
Als selbständiges Gericht servieren.
Für 4 Personen

Gebratener Karpfen mit Sahne und Pilzen (SU)

Zutaten:
4 Portionen Karpfen je 150 g, Salz, gemahlener Pfeffer, Saft von ½ Zitrone, 60 g Butter, Fischsud oder Fleischbrühe vom Brühwürfel, 60 g Zwiebeln, Petersilie, 1 Lorbeerblatt, 200 ml saure Sahne – 200 g

Zubereitung:
Die Karpfenportionen salzen, pfeffern, mit Zitronensaft beträufeln, in eine Kasserolle mit zerlassener Butter geben und auf beiden Seiten kurz braten. Dann mit etwas Brühe angießen, mit feingeschnittenen Zwiebeln und Petersilie bestreuen, Lorbeerblatt zugeben und in die Röhre stellen. Nach kurzem Braten den Karpfen mit der geschlagenen sauren Sahne übergießen. Restliche Zwiebel in Butter anschwitzen, die geputzten und in

frische Pilze (Champignons, Steinpilze oder andere), 50 g Butter, 60 g Zwiebeln zum Dünsten der Pilze

Scheiben geschnittenen Pilze zugeben, dünsten, auf die Karpfenportionen verteilen und fertigbraten.
Als selbständiges Gericht reichen.
Beilage: Salzkartoffeln und Rohkost-Gemüsesalat.
Für 4 Personen

Gebratener Karpfen in Sahne mit Eiern (D)

Zutaten:
6 Portionen Karpfen je 200 g, 100 g gekochter Schinken oder Schinkenspeck, Salz, 60 g Butter, 40 g Zwiebeln, 400 ml Sahne, 3 hartgekochte Eier

Zubereitung:
Aus den Karpfenportionen die Mittelgräte lösen, die Haut abziehen, die Portionen mit Schinkenstreifen oder Schinkenspeck spicken und salzen. Eine feuerfeste Form mit Butter ausstreichen, mit feingeschnittenen Zwiebeln bestreuen, darauf die Karpfenportionen legen, mit verquirlter Sahne begießen und in der vorgeheizten Backröhre garen. Vor dem Servieren mit feingehackten Eiern bestreuen.
Der Karpfen wird im selben Gefäß, in dem er gebraten wurde, zum Abendessen oder bei festlichen Anlässen gereicht.
Beilage: Butterknödelchen (siehe Rezept) oder Reis.
Für 6 Personen

Gebratener Karpfen Feinschmeckerart (ČSSR)

Zutaten:
6 Portionen Karpfen, Salz, gemahlener Pfeffer, 1 Zitrone, 80 g Öl, 80 g Butter, 40 g süße Mandeln, 50 g Walnüsse, 50 g Rosinen, ¼ l Pilsner, 80 g Semmeln ohne Rinde, ¼ l Fischsud zum Angießen, Petersilie

Zubereitung:
Die Karpfenportionen von der Haut befreien, salzen, pfeffern, mit Zitronensaft beträufeln, mit Öl bestreichen und für 3 h kaltstellen. Dann die vorbereiteten Karpfenportionen in dem restlichen Öl von allen Seiten schnell braten, in eine Kasserolle mit heißer Butter legen, die in Bier eingeweichten, nicht ausgedrückten Semmeln, Rosinen, die abgezogenen und in kleine Streifen geschnittenen Mandeln und Nüsse hinzugeben. Mit ein wenig Brühe angießen und in der Backröhre garen. Auf Tellern anrichten, mit der dicken Soße übergießen und mit Zitrone und Petersilie garnieren.
Als selbständiges Gericht reichen.
Beilage: Salzkartoffeln.
Für 6 Personen

Gebratener Karpfen grusinische Art (SU)

Zutaten:
6 Portionen je 150 g, Salz,
½ Teelöffel gemahlener Ingwer,
100 g Butter, 1 kleine Zwiebel,
6 Pfefferkörner,
6 Pimentkörner, Thymian,
Fischbrühe oder Wasser,
¼ l Sahne

Zubereitung:
Die Karpfenportionen salzen und mit Ingwer bestreuen. Die feingeschnittene Zwiebel in Butter anschwitzen, Pfeffer, Piment, Thymian zugeben und vermengen. Die Karpfenportionen darauflegen, mit etwas heißer Butter übergießen und 20 min in der Röhre garen. Mit etwas Brühe oder Wasser begießen. Vor Ende der Garzeit mit Sahne übergießen. Den Karpfen auf einer vorgewärmten Platte anrichten und mit der passierten Sahnesoße überziehen.
Als selbständige Speise reichen.
Beilage: Salzkartoffeln.
Für 6 Personen

Gebratener Karpfen serbische Art (J)

Zutaten:
1500 g Karpfen, Salz,
80 g Butter, 60 g Speck, 1000 g halbweich gekochte Kartoffeln,
60 g Mehl, gemischt mit Delikateßpaprika, ¼ l saure Sahne, 40 g Butter zum Ausstreichen der Bratpfanne,
Petersilie, Zitrone

Zubereitung:
Den Karpfen säubern, ausnehmen, Kopf und Schwanzpartie abschneiden, längs halbieren und die Mittelgräte auslösen. Dann die beiden Hälften an der Oberseite in Querrichtung einige Male schräg einschneiden, salzen und in jede Kerbe eine Scheibe Speck und ein kleines Stück Butter legen. Die Bratpfanne mit Butter ausstreichen und die halbweich gekochten, geschälten, in Scheiben geschnittenen und gesalzenen Kartoffeln einlegen. Dann einen Rost über die Bratpfanne legen, den vorbereiteten Karpfen auflegen und in die Backröhre schieben. Nach kurzer Zeit den Karpfen mit Mehl bestäuben, dem zuvor Paprika untergemengt wurde. Wenn die Oberfläche braun zu werden beginnt, den Karpfen von Zeit zu Zeit mit verquirlter saurer Sahne begießen. Das Garen dauert 20 . . . 25 min. Die Karpfenhälften vorsichtig auf eine Platte legen, mit feingehackter Petersilie bestreuen und mit Zitronenscheiben garnieren.
Als warmen Zwischengang oder selbständiges Gericht reichen.
Beilage: Kartoffeln, zusammen mit dem Karpfen gebraten, Rohkost-Gemüsesalat.
Für 6 Personen

Gebratener Karpfen Zigeunerart (R)

Zutaten:
6 Portionen Karpfen je 150 g, Salz, gemahlener Pfeffer, Mehl, Öl zum Braten, 100 g Zwiebeln, 3 grüne Gemüsepaprikas, 120 g Champignons oder Steinpilze, 2 Knoblauchzehen, 3 Eßlöffel Tomatenketchup, 100 ml Rotwein, Petersilie, Zitrone

Zubereitung:
Die Karpfenportionen salzen, pfeffern, in Mehl wenden und in der Röhre in erhitztem Öl rosa braten. Inzwischen in einer Kasserolle in wenig Öl die feingeschnittenen Zwiebeln anschwitzen, die dünnstreifig geschnittenen Gemüsepaprikas entkernt zugeben, kurz dünsten, dann erst die geputzten, in Scheiben geschnittenen Pilze, den zerdrückten Knoblauch, Ketchup und Rotwein zufügen, bei Bedarf noch etwas salzen und noch einmal kurz dünsten.
Den Karpfen auf einer vorgewärmten Platte anrichten, mit dem gedünsteten Gemisch übergießen und mit Petersilie und Zitrone garnieren.
Entweder warm als selbständiges Gericht oder kalt als Abendbrot reichen.
Beilage: Zur warmen Speise gekochte Kartoffeln, zur kalten Brot oder Salzhörnchen.
Für 6 Personen

Teufelskarpfen, gebraten (Ö) (Bild 4)

Zutaten:
4 Portionen Karpfen je 150 g, Salz, Zitronensaft, gemahlener Pfeffer, 80 g Öl, 30 g Butter, 3 Eßlöffel Fischsud oder Wasser, 3 Eßlöffel Ketchup, 1 Eßlöffel Worcestersoße, 1 Eßlöffel Kapern, etwas Curry – *Zum Garnieren:* konservierter roter Gemüsepaprika, Petersilie

Zubereitung:
Die Karpfenportionen abtrocknen, salzen, pfeffern, mit Zitronensaft beträufeln und 30 min kaltstellen. Dann in einer größeren Kasserolle Öl auf beiden Seiten zunächst bei großer, später bei mäßiger Hitze braten und auf vorgewärmten Tellern anrichten. Einen Teil des Öls abgießen, in den verbliebenen Teil Butter, Ketchup, Brühe oder Wasser, Worcestersoße, gehackte Kapern und Curry geben und unter ständigem Rühren kurz aufkochen. Den Bratensaft über den Karpfen gießen, die einzelnen Portionen mit Gemüsepaprikastreifen belegen und mit Petersilie garnieren.
Als selbständiges Gericht reichen.
Beilage: gebratene Kartoffeln und Gemüsesalat.
Für 4 Personen

Gebratener Karpfen chinesisch (C)

Zutaten:
1 Karpfenhälfte, entgrätet und ohne Haut (etwa 600 g reines

Zubereitung:
Die Karpfenhälfte schräg in 4 gleichdicke Scheiben schneiden, leicht klopfen, salzen, mit Mehl bestäuben und mit dem in

Karpfenfleisch), Salz, 80 g Mehl, 60 g in Wasser geweichtes Stärkemehl, 80 . . . 100 g Öl – *Zur süßsauren Soße:* 40 g Zwiebeln, 100 g in Wasser gequollener Ingwer, 1 Knoblauchzehe, 1 Eßlöffel Öl, 2 Teelöffel Worcestersoße, 1 Teelöffel Suppenwürze, 5 Eßlöffel Brühe vom Brühwürfel, 5 Eßlöffel Essig, 120 g Zucker, 2 Eßlöffel Wermutwein (rot), 30 g in Wasser geweichtes Stärkemehl (auf 30 g Stärkemehl 1½ Eßlöffel Wasser gießen, umrühren und 30 min stehenlassen)

Wasser geweichten Stärkemehl bestreichen. In einer Pfanne Öl erhitzen, die vorbereiteten Karpfenportionen hineinlegen und so lange braten, bis die Portionen sehr knusprig sind. Den Karpfen nun auf Tellern anrichten, sofort mit der süßsauren Soße übergießen und servieren.
(Beim Begießen mit der Soße soll der Karpfen so heiß sein, daß die Soße auf dem Karpfen kocht.)
Zubereitung der süßsauren Soße: Zwiebeln, Knoblauch und den in Wasser gequollenen Ingwer kleinhacken. (Den Ingwer am Vortage in kaltem Wasser einweichen, damit er weich wird und quillt.)
Das vorbereitete Gemisch in Öl anschwitzen, mit Worcestersoße, Suppenwürze, Brühe, Essig auffüllen, Zucker und Wermut zugeben, aufkochen und mit dem Stärkemehl andicken und servieren.
Als selbständiges Gericht reichen.
Beilage: gedünsteter oder gekochter Reis.
Für 2 bis 4 Personen

Karpfen, mit pikanter Farce gebraten (Ö)

Zutaten:
1 Karpfenhälfte, gesäubert und ohne Mittelgräte (Masse 600 . . . 800 g), Salz – *Zur Farce:* 60 g Butter, 2 Semmeln, ¼ l Milch, 1 Ei, 4 Sardellen oder 2 Teelöffel Sardellenpaste, Salz, Majoran, Petersilie – Butter zum Braten

Zubereitung:
Den Rücken des Karpfens einige Male schräg flach einschneiden, damit er sich beim Braten nicht wölbt. In Kasserolle Butter erhitzen, darauf mit dem Rücken nach unten die gesalzene Karpfenhälfte legen und die Oberfläche mit der zubereiteten Farce bestreichen. In der vorgeheizten Backröhre etwa 30 min braten.
Zubereitung der Farce: In einer Schüssel die Butter mit den durchs Sieb gestrichenen Sardellen oder der Sardellenpaste schaumig rühren, die von der Rinde befreiten geviertelten, in Milch eingeweichten, ausgedrückten und durch den Fleischwolf gedrehten oder durchs Sieb gestrichenen Semmeln, das Ei, etwas Salz, die Gewürze und die feingehackte Petersilie zugeben und das Ganze gut vermengen. Die Farce muß ziemlich dick sein. Ist sie zu dünn, sollte noch etwas geriebene Semmel eingerührt werden. Die fertige Farce vor dem Weiterverwenden kurz kaltstellen.
Als selbständiges Gericht reichen.
Beilage: Salzkartoffeln und Gurken- oder Kopfsalat, ggf. Kompott.
Für 4 bis 6 Personen

Gefüllter gebratener Karpfen (ČSSR)

Zutaten:
1 Karpfen (1500 . . . 2000 g), Salz – *Zur Fülle:* 60 g Butter, 3 Semmeln, ¼ l Milch, 1 Teelöffel Sardellenpaste, 1 Ei, 1 Eigelb, Petersilie, 10 g feingeschnittene Zwiebel, leicht in Butter angeschwitzt, 50 g in Butter gedünstete Champignons, Steinpilze oder andere frische Pilze, Salz, gemahlener Pfeffer, 40 g geriebene Semmel, ggf. Milch oder Rogen – 80 g Butter zum Braten, Brühe zum Angießen, Petersilie, Zitrone zum Garnieren

Zubereitung:
Den Karpfen auf dem Rücken entlang der Rückenflosse vom Kopf bis zum Schwanz einschneiden und die Mittelgräte heraustrennen. Durch diese Öffnung den Fisch ausnehmen, innen gut auswaschen, mit einem Tuch abtrocknen und salzen. Nach Anheben der Kiemendeckel mit einer Schere die Kiemen herausschneiden. Die restlichen Flossen abschneiden oder abhakken. Von der herausgeschnittenen Mittelgräte das Fleisch lösen, Milch oder Rogen gut abspülen, kleinhacken.
Butter mit Sardellenpaste schaumig rühren, die von der Rinde befreiten geviertelten, in Milch eingeweichten, ausgedrückten und durch den Fleischwolf gedrehten bzw. durchs Sieb gestrichenen Semmeln, Ei, Eigelb, gehacktes Fischfleisch und zerkleinerte Innereien, feingehackte Petersilie, Zwiebel, Champignons, Pfeffer und geriebene Semmel zugeben und gut vermengen. Dann einige Zeit kaltstellen.
Durch die beim Ausnehmen entstandene Öffnung im Karpfenrücken die Farce einfüllen, zunähen und die Oberfläche salzen. Den gefüllten Karpfen in die Bratpfanne legen, mit erhitzter Butter übergießen und 45 min in der Backröhre braten. Während des Bratens den Karpfen wenden und von Zeit zu Zeit mit dem Bratensaft begießen, dem bei Bedarf etwas Brühe zugesetzt wird. Nach dem Braten den Faden entfernen und den Karpfen in Portionen zerlegen. Auf einer länglichen Platte den Karpfen zu seiner ursprünglichen Gestalt zusammensetzen, mit Salzkartoffeln umgeben, mit dem Bratensaft begießen und mit Petersilie und Zitrone garnieren.
Als selbständiges Gericht reichen.
Beilage: Selleriesalat.
Für 6 Personen

Silvesterkarpfen (D)

Zutaten:
4 Portionen Karpfen je 150 g, 60 g Speck, 4 Sardellen, Salz, 80 g Butter, 200 ml herber Rotwein, 2 Teelöffel goldgelbe Mehlschwitze, mit Butter bereitet – 4 hartgekochte Eier,

Zubereitung:
Aus den Karpfenportionen die Mittelgräte lösen, dann abwechselnd mit dünnstreifig geschnittenem Speck und streifig geschnittenen Sardellen spicken, schwach salzen und in erhitzter Butter goldgelb braten. Gegen Ende der Garzeit den Fisch mit Rotwein angießen. Den fertigen Karpfen auf vorgewärmter Platte anrichten. Den Garfond mit Mehlschwitze andicken, auf-

8 Sardellen-Gabelbissen,
1 Zitrone, Petersilie

kochen und passiert über den Karpfen gießen. Um den Fisch die halbierten Eier, mit Gabelbissen belegt, anrichten und mit Petersilie und Zitrone garnieren.
Zu festlichen Anlässen, insbesondere zu Silvester, reichen.
Beilage: Salzstangen aus Blätterteig, Salzkartoffeln oder Reis.
Für 4 Personen

Wiener Silvesterkarpfen (Ö)

Zutaten:
6 Portionen Karpfen, 2 Eßlöffel Zitronensaft, Salz, 40 g Butter zum Ausstreichen einer feuerfesten Form, ⅛ l Tomatenketchup, 2 Eßlöffel geriebener Meerrettich, 2 Zwiebeln, 2 Gewürzgurken, 60 g Butter

Zubereitung:
Die vorbereiteten Karpfenportionen mit Zitronensaft beträufeln, salzen und dann eng nebeneinander in eine mit Butter ausgestrichene feuerfeste Form geben. Den Ketchup mit dem geriebenen Meerrettich vermengen und über die Karpfenportionen gießen. Obenauf mit Zwiebelringen und kleingewürfelten Gurken belegen, mit Butter beträufeln und bei Mittelhitze 15 . . . 18 min in der Röhre garen.
Als selbständiges Gericht reichen.
Beilage: gekochter Reis, mit Butter verfeinert und mit Chillies oder Paprika gewürzt.
Für 6 Personen

Osterkarpfen (It)

Zutaten:
4 Portionen Karpfen je 150 g, Salz, Zitrone, 80 g Butter zum Braten, Petersilie, 2 hartgekochte Eier, 1 Teelöffel Kapern, 40 g Butter zum Verfeinern des Bratensaftes

Zubereitung:
Die vorbereiteten Karpfenportionen salzen, an der oberen Seite in der Mitte einschlitzen und in die Kerbe ein Stück Zitrone legen. Den Karpfen dann in der Pfanne 12 . . . 15 min in Butter braten, auf einer Platte anrichten, mit gehackter Petersilie und feingehackten Eiern bestreuen. Den Bratensaft mit Butter verfeinern, die feingehackten Kapern zugeben, mit Zitronensaft beträufeln, kurz aufkochen lassen und über den auf der Platte angerichteten Karpfen gießen.
Als selbständiges Gericht oder Hauptgang reichen.
Beilage: Petersilienkartoffeln.
Für 4 Personen

****

Gegrillter Karpfen mit Petersilienbutter (F)

Zutaten:
4 Portionen Karpfen je 200 g, Salz, 1 Eßlöffel Zitronensaft, 2 Teelöffel Worcestersoße, Öl – *Zur Petersilienbutter:* 80 g Butter, 2 Teelöffel gehackte Petersilie, gemahlener Pfeffer oder 1 Teelöffel Worcestersoße, Salz, 2 Teelöffel Zitronensaft

Zubereitung:
Von den Karpfenportionen die Haut abziehen und die Mittelgräte entfernen. Die Portionen ein wenig klopfen, salzen, mit Zitronensaft und Worcestersoße beträufeln, mit Öl einpinseln und auf dem vorgeheizten Rost 10 . . . 12 min bei großer Hitze garen. (Wenn kein Grill zur Verfügung steht, können die Karpfenportionen auch in einer Pfanne in erhitztem Öl gebraten werden.) Dann auf einer Platte anrichten, jede Portion mit einem Stück Petersilienbutter belegen, die Platte mit Zitrone und Petersilie garnieren.

Zubereitung der Petersilienbutter: Die angeführten Zutaten mit der weichgerührten Butter vermengen, die Butter zu einer kleinen Rolle formen, in Pergamentpapier oder Alufolie wickeln und im Kühlschrank fest werden lassen. Die feste Butterrolle mit einem Buntmesser in Scheiben schneiden und auf den gebratenen Karpfen legen.
Als selbständiges Gericht reichen.
Beilage: Salzkartoffeln oder gebackene Kartoffeln und Selleriesalat. – Als Getränk wird Weißwein empfohlen.
Für 4 Personen

Karpfen in Alufolie (X) (Bild 5)

Zutaten:
4 Portionen Karpfen oder Filet, 30 g Butter, 20 g Schinkenspeck, Pfeffer, Salz, Paprika, Salbei, Dill, Petersilie oder Schnittlauch, ½ Zitrone

Zubereitung:
In Alufolie wird entweder Karpfenfilet bereitet, d. h. halbierter, von allen größeren Gräten, insbesondere der Mittelgräte befreiter Karpfen oder portionierter Karpfen zu je 150 . . . 200 g, ebenfalls mit ausgelöster Mittelgräte.
Die Karpfenportionen mit zerlassener Butter bestreichen, salzen, nach Belieben entweder mit Kümmel, gemahlenem Paprika oder Pfeffer, zerriebenem Salbei, gehacktem Dill würzen, mit Zitronensaft beträufeln und mit feingehackter Petersilie oder Schnittlauch bestreuen. Zur Geschmackshebung kann auch ein wenig Speck hinzugegeben werden.
Die Alufolie, die so groß bemessen sein muß, daß sie an allen Seiten mindestens 6 cm über den einzuwickelnden Fisch hinausragt, mit Öl oder zerlassener Butter bestreichen, auf ihre Mitte den vorbereiteten Karpfen legen und einwickeln. Sowohl der halbierte als auch der portionierte Karpfen müssen vollständig mit Alufolie umhüllt, die Ränder mehrmals umgelegt sein,

****

damit beim Backen weder Saft noch Dampf aus der Umhüllung entweichen können.
Den Karpfen in Alufolie auf den Rost oder das Blech einer vorgeheizten heißen Röhre legen und backen. Karpfenportionen backen 12 min, halbierte Karpfen 20 ... 25 min.
Nach dem Garen den eingewickelten Karpfen auf einen vorgewärmten Teller oder eine vorgewärmte Platte legen, die Folie aufschlagen und direkt aus der Folie verzehren.
Mit Brot, gekochten oder gebratenen Kartoffeln, Tatarensoße, Rohkostsalat usw. reichen.
Für 4 Personen

Karpfen mit Apfel, in Alufolie gebacken (SU)

Zutaten:
4 Portionen Karpfen je 200 g, Salz, gemahlener Pfeffer, Curry, Zitronensaft, 80 g Butter, 1 großer Apfel, 1 große feste Tomate, 1 Zwiebel, eine Prise Zucker – Alufolie

Zubereitung:
Jede Portion des gesäuberten, gewaschenen und abgetrockneten Karpfens salzen, gesondert auf entsprechend große, mit Butter bestrichene Stücke Alufolie legen, mit Zitronensaft beträufeln und würzen. Auf die einzelnen Portionen zuerst ein Stück Butter, dann einen Zwiebelring, darauf eine Scheibe geschälten, vom Kernhaus befreiten Apfel und obenauf eine Tomatenscheibe legen, leicht salzen und zuckern. Nun gut in Alufolie wickeln, damit während des Garvorganges kein Saft entweichen kann, auf ein Blech oder in die Bratpfanne legen, mit etwas Wasser angießen und bei Mittelhitze 30 min in der Röhre garen. Nach Ablauf der Garzeit die umhüllten Portionen auf eine Platte legen und die Folie öffnen.
Zu festlichen Anlässen reichen.
Beilage: gesalzene Backwaren.
Für 4 Personen

Braten von Karpfen im Freien (M)

Im Urlaub, beim Zelten oder Autocamping, vor allem jedoch beim Angeln, kann gebratener Karpfen unter freiem Himmel und mit minimalem Aufwand bereitet werden. Es genügen Alufolie, Salz und einige Gewürze, ggf. ein Stück Butter oder etwas Öl; ferner eine Feuerstelle mit ausreichender Menge glühender Asche.
Den gesäuberten, ausgenommenen, halbierten oder portionierten, von den größeren Gräten, vor allem von der Mittelgräte be-

****

freiten Karpfen salzen und nach Belieben mit gemahlenem Pfeffer oder Paprika, Kümmel o. ä. würzen, ggf. noch mit Zitronensaft beträufeln. Nun die Alufolie nehmen, nach Möglichkeit mit Öl oder Butter bestreichen, den gewürzten Karpfen gut umhüllen und in die glühende Asche schieben. Die Feuerstelle über dem Fisch wird dabei nicht mehr betrieben. Die Garzeit ist von der Größe der Portionen abhängig. Ein halbierter Karpfen erfordert 40 min, die üblichen Karpfenportionen sind in 25 min gebacken. Nach dem Backen die Alufolie öffnen und den Karpfen direkt aus der Folie verzehren.
Mit Brot servieren.
(Siehe auch Rezept «Karpfen in Alufolie».)

Gebackener Karpfen (X)

Zutaten:
6 Portionen Karpfen je 150 g (Mittelgräte ausgelöst), Salz, Milch, 60 g Mehl, 2 Eier, 150 g geriebene Semmel, 200 g Fett zum Ausbacken, Zitrone und Petersilie zum Garnieren

Gebackener Karpfen schmeckt besonders gut, wenn er vor dem Garen 30 min in gesalzene Milch gelegt wird. Neben dem Salzen kann der Karpfen vor dem Panieren und Backen auch noch mit Pfeffer oder Paprika bestreut, ggf. mit ein wenig Sardellenpaste bestrichen oder mit gehackter Petersilie, feingeschnittenem Schnittlauch u. a. bestreut werden. Dann wird der Karpfen paniert. Auch hier gibt es mehrere Varianten. Die bekannteste ist die mit Mehl, Eiern und geriebener Semmel oder Backteig. Karpfen wird am besten in Öl gebacken. In anderen Ländern kennt man auch das Ausbacken in Gänsefett und schätzt diesen Karpfen als einen Leckerbissen. – Beim Backen wird nicht mit Fett gespart, die panierten Portionen sollen im Fett schwimmen. Man bäckt in erhitztem Fett schnell bei hoher Hitze. Um ein gleichmäßiges und besseres Ausbacken der Karpfenportionen zu erzielen, ist die Mittelgräte mit den anschließenden größeren Gräten zu entfernen. Die Portionen sind dann flacher und der Fettbedarf geringer. Beim Ausbacken nie mit einem Deckel zudecken, da sonst die Panade feucht wird.
Gebackener Karpfen kann warm und kalt gereicht werden.

Zubereitung:
Die Karpfenportionen 30 min in gesalzene Milch legen. Dann abtrocknen, salzen, in Mehl, geschlagenem Ei und geriebener Semmel panieren und in heißem Fett auf beiden Seiten bis zum Rotwerden ausbacken. Dauer 12 min. Den gebackenen Karpfen auf einer Platte anrichten und mit Kopfsalat, aufgeschnittener Zitrone oder Tomate u. a. garnieren.

****

Als Hauptgang reichen.
Beilage: Brot, Kartoffeln in jeder Zubereitungsart, holländische Soße, kalte Tatarensoße (weitere Beilagen können Kartoffelsalat, französischer Salat mit Mayonnaise, Gemüsesalat oder Kompott sein).
Für 6 Personen

Karpfen, gebacken, Art Peter Vok (ČSSR)

Zutaten:
4 Portionen Karpfen je 150 g, Salz, 8 Pfefferkörner, 1 Teelöffel Kümmel, 80 g Mehl, 2 Eier, 2 Knoblauchzehen, geriebene Semmel, Öl zum Ausbacken

Zubereitung:
Gesäuberte Karpfenportionen waschen, abtrocknen, salzen, mit frisch gemahlenem Pfeffer und Kümmel bestreuen und mehlieren. Die Eier mit zerriebenem Knoblauch verrühren, die Karpfenportionen eintauchen, in geriebener Semmel panieren und in heißem Fett backen.
Als selbständiges Gericht reichen.
Beilage: gebratene oder gebackene Kartoffeln und Tatarensoße.
Für 4 Personen

Karpfen, in Kartoffelpufferteig gebacken (ČSSR)

Zutaten:
1 halber Karpfen, entgrätet und enthäutet (etwa 600 g reines Fischfleisch) – *Teig zum Einhüllen:* 2 Eier, 2 gehäufte Eßlöffel geriebene rohe Kartoffeln, 2 gehäufte Eßlöffel Mehl, 3 bis 4 Eßlöffel Milch, Majoran, gemahlener Pfeffer, 4 Knoblauchzehen, Salz – Öl zum Backen

Zubereitung:
Gesäuberte Karpfenhälfte quer in 4 Portionen schneiden, waschen, abtrocknen, leicht klopfen und salzen. Eier verquirlen, Salz, Gewürze, zerriebenen Knoblauch, geriebene Kartoffeln, Mehl und so viel Milch zugeben, daß ein dickflüssiger Teig entsteht. In diesen Teig die Karpfenportionen tauchen, mit dem Fischlöffel aus dem Teig heben und in heißes Öl geben. Die Oberfläche noch ein wenig glätten und langsam auf beiden Seiten goldgelb backen (10 . . . 12 min).
Als selbständiges Gericht reichen.
Beilage: Brot und Rohkost-Gemüsesalat.
Für 4 Personen

Gebackener Karpfen mit Schinken (ČSSR)

Zutaten:
4 Portionen Karpfen je 150 g (ohne Mittelgräte), Salz, gemahlener Pfeffer, ½ Zitrone,

Zubereitung:
Karpfenportionen von der Haut befreien, salzen, pfeffern und mit Zitronensaft beträufeln. Jede Portion gesondert in eine Schinkenscheibe wickeln, mit kleinen Spießen zusammenhal-

****

4 größere Scheiben gekochter Schinken – Mehl, Ei und 100 g geriebene Semmel (mit 60 g Reibekäse vermengt) zum Panieren, Öl zum Ausbacken, Kopfsalat, Zitronenachtel

ten und einige Zeit kaltstellen. Danach die Karpfenportionen in Mehl, geschlagenem Ei und der mit Reibekäse vermengten geriebenen Semmel panieren und rosa ausbacken. Dauer etwa 12 min. Auf einer Platte anrichten, mit Kopfsalat und Zitrone garnieren.
Als selbständiges Gericht reichen.
Beilage: Brot oder pommes frites und Tatarensoße, ggf. schwedische Soße (siehe Rezepte).
Für 4 Personen

Gebackener Karpfen Schweizer Art (Sz)

Zutaten:
6 Portionen Karpfen ohne Mittelgräte, Salz, 60 g Mehl, 2 Eier, 150 g geriebene Semmel – 200 g Schweinefett oder Öl zum Ausbacken, 100 g Reibekäse, Kopfsalat, Zitronenachtel

Zubereitung:
Karpfenportionen waschen, abtrocknen, salzen, mit Mehl, geschlagenem Ei und geriebener Semmel panieren und in heißem Fett auf beiden Seiten rosa backen. Die ausgebackenen Portionen nebeneinander in eine Bratpfanne legen, mit Reibekäse bestreuen, in sehr heiße Röhre schieben, überbacken, bis der Käse schmilzt. Dann auf einer Platte anrichten und mit Kopfsalat und aufgeschnittener Zitrone garnieren.
Als selbständiges Gericht reichen.
Beilage: Kartoffeln in allen Zubereitungsarten und Tatarensoße (möglich sind ferner Kartoffelsalat, Selleriesalat u. a.).
Für 6 Personen

Gebackener Karpfen Kiewer Art (SU) (Bild 6)

Zutaten:
6 Portionen Karpfen ohne Mittelgräte, Salz, Zitronensaft, Petersilie, 3 Eier, 150 g weiche geriebene Semmel (dazu Weißbrot oder Brötchen vom Vortage auf einem groben Reibeisen reiben), 250 g Öl, Kopfsalat, Zitronenachtel

Zubereitung:
Karpfenportionen waschen, abtrocknen, leicht klopfen, salzen, mit Zitronensaft beträufeln, mit feingehackter Petersilie bestreuen und 1 h kaltstellen. Danach in geschlagenes Ei tauchen, in der weichen geriebenen Semmel wälzen, wieder in Ei tauchen und in geriebener Semmel wälzen, anschließend in heißem Öl rosa backen (Dauer 10 . . . 12 min). Auf einer Platte anrichten und mit Kopfsalat oder Petersilie und aufgeschnittener Zitrone garnieren.
Als selbständiges Gericht reichen.
Beilage: pommes frites oder gebratene Kartoffeln und Tatarensoße oder auch Kartoffelpüree und Kompott.
Für 6 Personen

****

Gebratener Karpfen schwedisch (Sw)

Zutaten:
4 Portionen Karpfen je 150 g (ohne Gräten und Haut), Salz, 2 Eier, 1 Eßlöffel herber Weißwein, 120 g geriebene Semmel – 1 Eßlöffel Mehl und 200 g Fett zum Backen – 10 g Mehl, 200 ml Sahne, Salz, 1 Teelöffel Worcestersoße, 2 Teelöffel Kapern, 1 Zitrone

Zubereitung:
Vorbereitete Karpfenportionen leicht klopfen, salzen, in geschlagenes, mit Wein verdünntes Ei tauchen, in geriebener Semmel, mit etwas Mehl vermischt, panieren und in heißem Fett braten. Den ausgebackenen Karpfen auf einer vorgewärmten Platte anrichten.
Aus der Bratpfanne die Hälfte des Fettes abgießen, das verbliebene Fett mit Mehl bestäuben, anschwitzen, salzen, mit Sahne auffüllen, Worcestersoße und feingehackte Kapern zugeben und gut durchkochen. Über den Karpfen geben und mit kleingewürfelter Zitrone bestreuen.
Als selbständiges Gericht reichen.
Beilage: Salzkartoffeln oder gebratene Kartoffeln und Rohkost-Gemüsesalat.
Für 4 Personen

Karpfen im Schlafrock (F)

Zutaten:
1 entgrätete Karpfenhälfte (etwa 600 g reines Karpfenfleisch), Salz, gemahlener Pfeffer – *Backteig:* 2 Eier, 1/8 l . . . 200 ml Milch, 120 g Mehl – Öl oder Schweinefett zum Ausbacken, zum Garnieren Kopfsalat, Petersilie, Zitrone

Zubereitung:
Die Karpfenhälfte quer in 2 cm breite Streifen schneiden, diese salzen und mit Pfeffer würzen. Die Eier schlagen, salzen und nach und nach Mehl und Milch zugeben. Der entstehende Teig muß etwa so dickflüssig sein, wie er für eingetropfte Suppeneinlagen üblich ist. In diesen Teig die Karpfenstreifen tauchen und in heißem Fett goldgelb backen. Dann auf einer Platte anrichten und mit Kopfsalat oder Petersilie, Zitrone garnieren.
Als warmen Zwischengang oder selbständiges Gericht reichen.
Beilage: Kartoffeln in allen Zubereitungsarten, warme holländische oder kalte Tatarensoße und Rohkost-Gemüsesalat.
Für 4 Personen

Gebackene Karpfenmilch (Ö)

Zutaten:
500 g Karpfenmilch, Salz, etwas Essig, Mehl, 2 Eier, geriebene Semmel, Öl zum Backen

Zubereitung:
Die gewaschene Karpfenmilch abtrocknen, in kochendem Salzwasser, dem etwas Essig zugesetzt wurde, blanchieren und auf einem Sieb abtropfen lassen. Nach dem Abkühlen in Mehl, gesalzenem, geschlagenem Ei und geriebener Semmel panieren und in heißem Fett rosa backen.

****

Geschmacksabwandlung: Anstelle in Mehl, Ei und geriebener Semmel kann Karpfenmilch auch in Backteig getaucht (siehe Rezept «Karpfen im Schlafrock») und in Fett rasch knusprig gebacken werden.
Karpfenmilch, gebacken, wird als Leckerbissen gereicht oder zum Belegen von Fischplatten verwendet.
Beilage: gebratene oder gebackene Kartoffeln, warme Mayonnaise- oder kalte Tatarensoße und Rohkost-Gemüsesalat.
Für 4 Personen

Warme Karpfenspezialitäten

Karpfengulasch (U)

Zutaten:
600 g Karpfenfleisch ohne Gräten und Haut, Zitronensaft, Salz, 50 g Mehl zum Mehlieren, 100 g Schweine- oder Gänsefett, 40 g Speck, 150 g Zwiebel, 15 g Delikateßpaprika, 40 g Mehl, 200 ml Fischfond oder Brühe vom Brühwürfel, 200 ml saure Sahne, 1 Eßlöffel Essig, 30 g Tomatenketchup oder -mark, ggf. etwas Kümmel

Zubereitung:
Das Karpfenfleisch in größere Stücke schneiden, in eine Schüssel legen, mit Zitronensaft beträufeln und 30 min kaltgestellt ruhen lassen. Dann salzen, mehlieren und schnell goldgelb braten. Die gebratenen Karpfenstücke in eine andere Kasserolle legen und warmstellen. – In das Fett, in dem der Karpfen gebraten wurde, kleingewürfelten Speck geben, etwas auslassen, dann feingeschnittene Zwiebeln darin anschwitzen, Delikateßpaprika und gestoßenen Kümmel zugeben, mit Mehl bestäuben und mit Brühe und Sahne auffüllen, Essig, Ketchup oder Tomatenmark zusetzen, etwas salzen und gut verkochen. Die zubereitete Gulaschsoße auf das gebratene Karpfenfleisch in der Kasserolle gießen und heiß werden lassen.
Als selbständiges Gericht reichen.
Beilage: Brot oder Salzhörnchen, ggf. Salzkartoffeln, Butternokkerln oder gekochter Reis.
Für 4 Personen

Schnelles Karpfengulasch (U)

Zutaten:
300 g Reste von gargezogenem oder gebratenem Karpfen, 60 g Speck, 60 g Zwiebeln, 1 Knoblauchzehe, 30 g Delikateßpaprika, 20 g Mehl, 200 ml Brühe von Brühpaste oder Fischfond, Salz

Zubereitung:
Die Reste vom gargezogenen oder gebratenen Karpfen in größere Stücke schneiden und möglichst alle Gräten entfernen. Den Speck in kleine Würfel schneiden, in Kasserolle auslassen. Dann die feingehackten Zwiebeln und den zerriebenen Knoblauch zugeben, anschwitzen, mit Mehl bestäuben, anschwitzen und abkühlen. Danach mit Paprika bestäuben, mit Brühe auffüllen und unter ständigem Rühren 15 min kochen. Das Karp-

fenfleisch hineingeben, salzen und das Ganze heiß werden lassen.
Als selbständiges Gericht reichen.
Beilage: Brot, Salzhörnchen, Salzkartoffeln oder gedünsteter Reis und Rohkost-Gemüsesalat.
Für 2 Personen

Karpfentokány (U)

Zutaten:
300 g entgrätetes Karpfenfleisch, Salz, 40 g Mehl, vermengt mit 20 g halbsüßem Paprika, Schmalz zum Braten, $^1/_8$ l herber Rotwein zum Angießen

Zubereitung:
Das Karpfenfilet in etwa $1^1/_2$ cm dicke und 5 cm lange Streifen schneiden, salzen, mit ein wenig Mehl bestäuben, dem Paprika untergemengt wurde, und in heißem Schmalz von allen Seiten braten. Kurz vor Beendigung des Bratvorganges mit Rotwein angießen und kurz aufkochen.
Als selbständiges Gericht reichen.
Beilage: Brot oder gebratene Kartoffeln.
Für 2 Personen

Karpfenpörkölt (U)

Zutaten:
600 g Karpfenfilet (ohne Haut), Salz, 50 g Schmalz oder Öl, 300 g Zwiebeln, 10 g Delikateßpaprika, 100 g Tomatenketchup, 4 grüne Gemüsepaprikas, etwa $^1/_2$ l Fischfond (siehe Rezept «Brühe vom Karpfen»)

Zubereitung:
Das Karpfenfilet in 50-g-Stücke schneiden und salzen. In heißem Fett die feingeschnittenen Zwiebeln anschwitzen, das vorbereitete Karpfenfleisch daraufgeben, die kleingeschnittenen Gemüsepaprikas (ohne Samen), Tomatenketchup, Delikateßpaprika zugeben, mit Fischfond auffüllen und in der Backröhre garen. Das fertige Pörkölt nicht andicken.
Als selbständiges Gericht reichen.
Beilage: Salzkartoffeln oder Butternockerln.
Für 4 Personen

Karpfenragout (F) (Bild 7)

Zutaten:
800 g Karpfenfilet (ohne Haut), 60 g Butter, 50 g Mehl, 50 g Zwiebeln, 400 ml Fischfond oder Brühe vom Brühwürfel, Salz, Petersilie oder etwas

Zubereitung:
Das Karpfenfilet in größere Würfel schneiden, mit Zitronensaft beträufeln und kaltgestellt 30 min ruhen lassen. Aus Butter, Mehl und feingeschnittenen Zwiebeln helle Mehlschwitze bereiten, nach und nach mit kalter Brühe auffüllen und unter ständigem Rühren dick einkochen. In die dicke Soße das ge-

****

Salbei, Zitronensaft, 50 g in Butter gedünstete Champignons, 2 Eßlöffel konservierte grüne Erbsen, 6 Eßlöffel Sahne

würfelte Karpfenfilet legen, feingehackte Petersilie oder Salbei zugeben und das Karpfenfleisch in der Soße garziehen lassen. Wenn das Fleisch gar ist, Pilze, grüne Erbsen und zur Verfeinerung Sahne beimengen, nach Belieben salzen und kurz aufkochen.
Als warmen Zwischengang oder selbständiges Gericht reichen.
Beilage: Salzstangen aus Blätterteig oder Salzkartoffeln.
Für 6 Personen

Karpfenhaschee (X)

Zutaten:
750 g gegartes Karpfenfleisch, 2 Semmeln oder 60 g geriebene Semmel, 200 ml Milch, 50 g Butter, Petersilie, 20 g Zwiebel, 2 Eigelb, Salz, gemahlener Pfeffer, 1/4 l Fischfond oder Brühe aus Brühpaste, 6 Eier, 60 g Butter, Petersilie

Zubereitung:
Das Fischfleisch entgräten und hacken oder wolfen. Die Semmeln schälen, vierteln, 10 min in Milch einweichen, ausdrücken und durchs Sieb streichen. (Wird statt der Semmeln Semmelmehl verwendet, dann dieses nur mit Milch befeuchten.) In einer Kasserolle Butter erhitzen, die feingehackte Zwiebel und Petersilie zugeben, anschwitzen, den Fisch und die Semmel oder die mit Milch angefeuchtete geriebene Semmel, Eigelb, Salz und Pfeffer zugeben, mit etwas Brühe angießen und unter ständigem Rühren 6 min dünsten. Das Haschee auf Tellern anrichten, auf jede Portion ein Setzei legen und mit Petersilie garnieren.
Geschmacksabwandlung: In das Haschee kann man noch 3 Knoblauchzehen oder 2 feingehackte Sardellen geben. – Das zubereitete Karpfenhaschee kann auch zum Füllen von Piroggen, würzig bereiteten Palatschinken, Blätterteigpasteten usw. verwendet werden.
Man reicht es als warmen Zwischengang oder als selbständige Speise.
Beilage: Salzhörnchen, ggf. Topinky oder Salzkartoffeln und Rohkost-Gemüsesalat.
Für 6 Personen

Karpfenhaschee in Muscheln (Sw)

Zutaten:
500 g Karpfenfleisch ohne Haut, 80 g Butter, 60 g Zwiebeln, 2 bis 3 Teelöffel Sardellenpaste, etwa 2 Eßlöffel

Zubereitung:
In Kasserolle in erhitzter Butter die kleingeschnittenen Zwiebeln anschwitzen, das vorbereitete gesalzene Karpfenfleisch in den Ansatz legen und auf beiden Seiten braten. Den gebratenen Karpfen herausnehmen, entgräten, das Fleisch kleinhacken und

Milch, 1 Teelöffel Delikateßpaprika, 2 Eier, 60 g Reibekäse, Petersilie, Zitrone, Salz – 6 größere Muscheln oder Schälchen aus feuerfestem Glas oder Porzellan – Fett zum Ausstreichen der Muscheln und Beträufeln der Speise

in eine Schüssel geben. Nun die vom Braten verbliebene Butter mit der Zwiebel, Sardellenpaste, in ein wenig Milch verrührt, und die mit Paprika verrührten Eier zugeben. Das Haschee gut vermengen.
Die Muscheln bzw. Schälchen mit Butter ausstreichen, Haschee einfüllen, obenauf mit Reibekäse bestreuen, mit zerlassener Butter beträufeln, auf ein Blech stellen und in der vorgeheizten Backröhre so lange überbacken, bis die Oberfläche sich bräunt. Die einzelnen Portionen mit Petersilie und Zitrone garnieren.
Als Vorspeise reichen.
Beilage: Blätterteigstangen oder Salzhörnchen und Weißwein.
Für 6 Personen

Rühreier mit Karpfenfleisch (als Hirn zubereitet) (P)

Zutaten:
300 g gargezogenes oder gebratenes Karpfenfleisch, 40 g Butter, 60 g Zwiebeln, Salz, Kümmel, gemahlener Pfeffer, 5 Eier

Zubereitung:
In einer Kasserolle in heißer Butter die kleingeschnittenen Zwiebeln anschwitzen, das entgrätete und kleingeschnittene Karpfenfleisch zugeben, salzen, pfeffern, mit Kümmel bestreuen, die verquirlten Eier zugeben und so lange rühren, bis die Eier stocken und ein Brei entsteht.
Als Imbiß reichen.
Beilage: Salzhörnchen.
Für 4 Personen

Risotto mit Karpfenfleisch (It)

Zutaten:
600 g gekochter Reis (siehe Rezept), 300 g gegartes Karpfenfleisch, 50 g Butter, 40 g Zwiebeln, 100 g konservierte grüne Erbsen, 80 g geriebener Käse, Salz, gemahlener Pfeffer, Muskatnuß, Reibekäse zum Bestreuen der Speise

Zubereitung:
Reste vom gargezogenen oder gebratenen Karpfen entgräten und zerpflücken. In erhitzter Butter die kleingeschnittenen Zwiebeln anschwitzen, das zerpflückte Karpfenfleisch, die grünen Erbsen, den gekochten Reis, Reibekäse, etwas Salz, gemahlenen Pfeffer und abgeriebene Muskatnuß zugeben, alles gut vermengen und heiß werden lassen. Das fertige Risotto portionsweise in eine mit heißem Wasser ausgespülte Suppenkelle pressen, auf Teller stürzen und obenauf mit Reibekäse bestreuen. (Das Risotto kann auch vor dem Bestreuen mit Reibekäse und Fisch-Tomaten-Soße – siehe Rezept – übergossen werden.)
Als selbständiges Gericht reichen.
Beilage: Rohkost-Gemüsesalat.
Für 6 Personen

****

Karpfenauflauf (Schonkost) (M)

Zutaten:
300 g Karpfenfleisch, Salz, 1 Eßlöffel Zitronensaft, 30 g Mehl, 30 g Butter, 400 ml Milch, 1 Ei, Petersilie, 2 Eßlöffel geriebene Semmel – Butter und geriebene Semmel zum Ausstreichen und Ausstreuen der feuerfesten Form

Zubereitung:
Das Karpfenfleisch salzen, in eine Kasserolle geben, mit Zitronensaft beträufeln, mit etwas Wasser angießen und dünsten. Entgräten und wolfen. Aus Mehl und Butter helle Mehlschwitze bereiten, nach und nach mit kochender Milch auffüllen und unter ständigem Rühren verkochen. Die zubereitete Soße auskühlen lassen, das faschierte Karpfenfleisch, ferner gehackte Petersilie, Eigelb, geriebene Semmel zugeben, etwas salzen, gut vermengen und zuletzt den aus dem Eiklar bereiteten festen Schnee unterziehen. Die Masse in eine mit Butter ausgestrichene und mit geriebener Semmel ausgestreute feuerfeste Form füllen und bei Mittelhitze 30 . . . 45 min backen.
Als selbständiges Gericht reichen.
Beilage: Salzkartoffeln oder Hörnchen.
Für 3 Personen

Karpfen in Gemüse Rostocker Art (D)

Zutaten:
1 kleiner Blumenkohl, 1 größere Porreestange oder 1 Zwiebel, 2 Möhren, 5 mittelgroße Kartoffeln, 50 g Margarine, 600 g Karpfenfleisch (ohne Gräten und Haut), Zitronensaft, Salz, $^1/_2$ Flasche Tomatenketchup, 80 g Reibekäse, Brühe zum Angießen – 4 Eier

Zubereitung:
Das Gemüse putzen und die Kartoffeln schälen. Den Blumenkohl in Röschen teilen, den Porree in Streifen, Möhren und Kartoffeln in größere Würfel schneiden und das Ganze in Margarine kurz dünsten, salzen, mit etwas Brühe angießen und halbgar dünsten. Das Karpfenfleisch in größere Würfel schneiden, diese mit Zitronensaft beträufeln, salzen, auf dem Gemüse verteilen, je nach Bedarf mit etwas Brühe angießen, zudecken und zusammen gardünsten. Zum Schluß Tomatenketchup und Reibekäse untermengen, die fertige Speise auf Tellern anrichten und obenauf ein Setzei geben.
Als selbständiges Gericht reichen.
Beilage: Gewürzgurken.
Für 4 Personen

Karpfen mit Spinat Florentiner Art (It)

Zutaten:
4 Portionen Karpfen je 200 g (entgrätet und von der Haut befreit), Zitronensaft, Salz,

Zubereitung:
Karpfenportionen salzen, mit Zitronensaft beträufeln, in Kasserolle geben, mit etwas Brühe oder Wein angießen und langsam zugedeckt 15 min dünsten. – Den verlesenen und gut gewasche-

****

200 ml Fischfond oder herber Weißwein – 800 g frischer Spinat, Salz, Wasser, 40 g Butter, 20 g Mehl, 20 g Zwiebel, gemahlener Pfeffer, 80 g geputzte, in Scheiben geschnittene und in Butter gedünstete Champignons oder Steinpilze – 2 Eier, $^1/_8$ l saure Sahne, geriebene Muskatnuß

nen Spinat in kochendem Salzwasser blanchieren. Abgießen, sofort mit kaltem Wasser übergießen, ausdrücken oder durch ein Sieb passieren oder durch den Fleischwolf drehen. Aus Butter, Mehl und feingeschnittener Zwiebel helle Mehlschwitze bereiten, den Spinat und die Pilze zugeben, salzen, pfeffern, mit etwas Brühe angießen und kurz aufkochen lassen. – Eine feuerfeste Form mit Butter ausstreichen, den Spinat hineingeben, darauf nebeneinander den gedünsteten Karpfen richten. Die Eier in ein Gefäß aufschlagen, Sahne zugießen, salzen, mit Muskatnuß würzen, gut verquirlen, über den Karpfen gießen, in die heiße Backröhre schieben und so lange überbacken, bis die Eier stocken. – Für die Zubereitung kann auch Gefrierspinat verwendet werden.
In feuerfester Form als selbständiges Gericht reichen.
Beilage: Salzkartoffeln.
Für 4 Personen

Karpfen mit Spargel italienische Art (It)

Zutaten:
6 Portionen gargezogener Karpfen (ohne Gräten und Haut), 600 g gekochter Reis (siehe Rezept), 300 g gekochter Spargel, 400 ml helle Fischsoße (siehe Rezept)

Zubereitung:
Auf einer Platte den gekochten Reis anrichten, der mit dem eben gargezogenen Fisch belegt wird. Den Fisch mit Spargel belegen, mit heißer Soße übergießen und sofort servieren.
Als selbständiges Gericht reichen.
Für 6 Personen

Karpfen mit Mandeln spanische Art (Sp)

Zutaten:
4 Portionen Karpfenfleisch (ohne Gräten und Haut), Zitronensaft, Salz, 1 große Zwiebel, 3 Eßlöffel Öl, Mehl, 300 ml herber Weißwein, Delikateßpaprika, Pfeffer, 50 g abgezogene und feingehackte Mandeln, 2 Teelöffel Kapern, Milch, Fett zum Braten

Zubereitung:
Die Karpfenportionen mit Zitronensaft beträufeln und salzen. Kleingeschnittene Zwiebel in Öl goldgelb anschwitzen, mit 20 g Mehl bestäuben, anschwitzen, mit Wein angießen, salzen, würzen und 10 min kochen. Dann die Mandeln und feingehackten Kapern in die Soße geben und mit Zitronensaft abschmecken. – Die Karpfenportionen kurz in Milch legen, mehlieren und in Öl goldbraun braten. Nebeneinander in eine feuerfeste Form legen, mit der Mandelsoße übergießen, noch einmal aufkochen und sofort im feuerfesten Gefäß servieren.
Beilage: Butterreis, mit Chillies abgeschmeckt, Rohkost-Gemüsesalat und herber Weißwein.
Für 4 Personen

****

Karpfenbuletten (M)

Zutaten:
400 g gargezogenes oder gebratenes Fleisch vom Karpfen, 80 g Butter, 2 Eigelb, 350 g gekochte, durchgedrückte Kartoffeln, 30 g geriebene Semmel, Salz, Muskatnuß, Petersilie – 2 Eiklar und 1 Ei, 120 g geriebene Semmel zum Panieren, 120 g Schmalz oder Öl zum Braten

Zubereitung:
Die Butter schaumig rühren, geriebene Semmel, geriebene oder durchgedrückte Kartoffeln und das feingehackte entgrätete Karpfenfleisch zugeben. Das Ganze salzen und würzen, gut vermengen und auf einem bemehlten Kuchenbrett kleine Laibe (Buletten) formen, in geschlagenes Ei tauchen, in geriebener Semmel wälzen und in der Pfanne braten.
Als selbständiges Gericht reichen.
Beilage: Kartoffelpüree oder Salzkartoffeln, mit Butter übergossen und mit Petersilie bestreut, Rohkost-Gemüsesalat oder gedünstetes Gemüse.
Für 6 Personen

Karpfenhackbraten (ČSSR)

Zutaten:
700 g gesäubertes Karpfenfleisch, 2 Semmeln, $^1/_4$ l Milch, 2 Eier, 40 g Zwiebeln, Petersilie, 20 g Butter, 50 g Speck, Zitronenschale, 2 gehackte Sardellen oder 1 Teelöffel Sardellenpaste, Salz und gemahlener Pfeffer, 20 g Fett zum Bestreichen des Hackbratens, Fett und Mehl zum Ausstreichen und Ausstreuen der Form

Zubereitung:
Die Semmeln vierteln und 30 min in Milch weichen lassen. Das rohe Karpfenfleisch entgräten, die eingeweichten, ausgedrückten Semmeln zugeben und das Ganze wolfen. Nun die Eier, kleingeschnittene und in Butter angeschwitzte Zwiebeln und Petersilie, kleingewürfelten Speck, abgeriebene Zitronenschale, gehackte Sardellen oder Sardellenpaste zugeben, salzen und alles gut vermengen.
Eine Blechform (sog. Rehrücken) mit Fett ausstreichen, mit ein wenig Mehl ausstreuen, mit der Fischfarce füllen, die Oberfläche mit Fett bepinseln und in der heißen Röhre 30 min backen. Dann aus der Form stürzen, in Portionen schneiden, auf einer Platte anrichten und geschmackvoll garnieren.
Geschmacksvariationen: Anstelle der in Milch geweichten Semmeln können 100 g mit Milch befeuchtetes Semmelmehl und eine Knoblauchzehe verwendet und aus der Farce zwei längliche Laibe geformt werden, die man mit zerlassener Butter bepinselt und in der Bratpfanne in der Backröhre in Schmalz brät.
Als selbständiges Gericht reichen.
Beilage: Kartoffelpüree oder Kartoffelsalat u. a.
Für 6 Personen

****

Karpfenkartoffelpuffer (ČSSR)

Zutaten:
300 g reines Karpfenfleisch (roh), 700 g feingeriebene rohe Kartoffeln, 1 bis 2 gekochte Kartoffeln, 1 bis 2 Eier, 100 g Mehl, 1 Eßlöffel Milch, 1 Knoblauchzehe oder 20 g Zwiebel, 50 g Speck, Salz, gemahlener Pfeffer, Majoran – 120 g Schmalz oder Öl zum Braten

Zubereitung:
Das rohe Karpfenfleisch entgräten und mit Zwiebel oder Knoblauch zusammen wolfen. Die rohen und gekochten Kartoffeln fein reiben, mit Milch anfeuchten, das gewolfte Karpfenfleisch, den kleingewürfelten Speck, Mehl, Eier und Gewürze zugeben, salzen und gut vermengen. In einer Stielpfanne Fett erhitzen, mit dem Eßlöffel einen Teil des Kartoffelpufferteiges in das Fett geben, zu einem dünnen Fladen ausstreichen und auf beiden Seiten knusprig braten.
Als selbständiges Gericht reichen.
Beilage: Gemüsesalat.
Für 6 Personen

Karpfenklopse oder -fladen Dresdner Art (D)

Zutaten:
700 g reines Karpfenfleisch (entgrätet und enthäutet), 2 Eier, 50 g Butter, 3 Semmeln, ½ l Milch, 40 g Zwiebeln, Salz, gemahlener Paprika oder Pfeffer, Petersilie, Schnittlauch

Zubereitung:
Die Semmeln von der Rinde befreien, vierteln und für 15 min in Milch einweichen. Das rohe Karpfenfleisch in kleine Stücke schneiden, die eingeweichte und danach ausgedrückte Semmel sowie die Zwiebeln zugeben und wolfen. Butter schaumig rühren, die Farce und Eier, Salz, Gewürze, feingehackte Petersilie und Schnittlauch zugeben und alles gut vermengen. Das Ganze für 30 min in den Kühlschrank stellen.
In eine breitere Kasserolle Fischfond oder mit Zwiebel und Salbei gewürztes Salzwasser geben und zum Kochen bringen. Dann mit einem in heißes Wasser getauchten Eßlöffel aus der Masse große Nockerln (Klopse) ausstechen, in die kochende Flüssigkeit legen, 5 min kochen und zugedeckt eine Weile am Herdrand ziehen lassen. Aus der Brühe nehmen, auf Tellern anrichten und mit zerlassener Butter beträufeln.
Geschmacksvariationen: Aus der Masse kann man auch flache Fladen formen, diese in geriebener Semmel panieren und in heißem Fett ausbacken. (Die Fladenmasse kann außerdem entweder mit Knoblauch oder mit Sardellenpaste geschmacklich variiert werden.) Anstelle des rohen Karpfenfleisches kann auch gargezogener oder gebratener Karpfen verwendet werden.
Als warmen Zwischengang oder selbständiges Gericht reichen.
Beilage: Salzkartoffeln und Kapernsoße oder Fisch-Paprika-Soße (siehe Rezepte), zu den gebackenen Fladen gebratene Kartoffeln und Gemüsesalat.
Für 6 Personen

Neapolitanische Karpfenpizza (It)

Zutaten:
90 g Mehl, 15 g Schmalz, 30 g Butter, Salz, 2 Eßlöffel Wasser – 2 Scheiben Karpfenfleisch (ohne Gräten und Haut, 1 cm dick, gesalzen und in Butter gebraten), 4 Sardellenstreifen oder 2 Scheiben geräucherter, konservierter Lachs, 80 g Reibekäse, 3 Eier, 100 ml Milch, Salz, gemahlener Pfeffer, 6 Oliven

Zubereitung:
Aus Mehl, Schmalz, Butter, Salz und Wasser auf dem Kuchenbrett einen festen Teig kneten, diesen dann auf dem bemehlten Brett etwa 4 mm dick rund ausrollen. Eine Springform mit Fett ausstreichen und bis zum Rand mit Teig auslegen. Dann die gebratenen Karpfenscheiben auf den Teig legen, darauf entweder die Sardellenstreifen oder die geräucherten Lachsscheiben geben, mit feingehackten Oliven bestreuen und das Ganze mit den geschlagenen, gesalzenen und gepfefferten Eiern, mit Käse und Milch verquirlt, übergießen. In der Backröhre bei Mittelhitze 25 min goldgelb backen. Die fertige Pizza auf eine runde Platte setzen, zu Portionen aufschneiden und zu Wein reichen.
Beilage: Ketchup oder Rohkost-Gemüsesalat.
Für 4 bis 6 Personen

Karpfenspieß (F)

Zutaten:
500 g gesäubertes, von Haut und Gräten befreites Karpfenfleisch, 5 dickere Scheiben Schinkenspeck, 4 Tomaten oder 10 mittelgroße Champignon- oder Steinpilzhütchen, Zitronensaft, Öl, Salz, gemahlener Pfeffer, 20 g Butter

Zubereitung:
Das gewaschene und abgetrocknete Karpfenfleisch in größere Würfel schneiden, salzen, pfeffern, mit Zitronensaft beträufeln, mit Öl bepinseln und eine Weile ruhen lassen. Den Speck viereckig schneiden, die Tomaten vierteln, die Hüte der Pilze im ganzen belassen, abwechselnd mit den Karpfenstücken auf 4 Metallspieße ziehen und auf jeder Seite 3 min grillen. Beim Grillen den Spieß mit zerlassener Butter bestreichen.
Als Leckerbissen reichen.
Beilage: pommes frites, Tatarensoße oder Ketchup, saure Gurken, marinierte Gemüsepaprikas u. a.
Für 4 Personen

Piroggen, mit Karpfenhaschee gefüllt (SU)

Zutaten:
500 g Blätterteig, 500 g Karpfenhaschee (siehe Rezept), 2 Eigelb, 1 Eßlöffel Milch

Zubereitung:
Den Blätterteig auf dem bemehlten Kuchenbrett etwa 4 mm dick ausrollen und 11 cm × 11 cm große Quadrate ausradeln. Die Mitte der Quadrate mit Karpfenhaschee füllen, die Teigränder mit dem mit Milch verquirlten Eigelb bestreichen und dreieckig in Form von Piroggen übereinanderlegen. Die seitlichen Ränder zusammendrücken und die Oberfläche der Pirog-

gen ebenfalls mit Eigelb bestreichen. Die Piroggen auf dem Blech in der sehr heißen Röhre goldgelb backen (15 min). Entweder als warmen Zwischengang (Vorspeise) oder als Beilage zu Fischbrühe, aber auch als Imbiß zu Tee, Weißwein usw. reichen.
Für 6 Personen

Hörnchen, mit Karpfenfleisch gefüllt und in Alufolie gebacken (ČSSR)

Zutaten:
6 gerade Hörnchen, 400 g gebratenes Karpfenfleisch, 50 g Butter, 1 Teelöffel Sardellenpaste, 80 g Reibekäse, Alufolie

Zubereitung:
Die Hörnchen längs in zwei Hälften aufschneiden, die untere Hälfte etwas aushöhlen und die entstandene Vertiefung mit ein wenig Butter bestreichen, die mit Sardellenpaste vermengt wurde. In die so vorbereiteten unteren Hälften das gebratene, entgrätete und in kleine Stücke zerpflückte Karpfenfleisch verteilen, das Fleisch obenauf mit Reibekäse bestreuen und mit den oberen Hörnchenhälften, die unten auch mit Sardellenbutter bestrichen wurden, zudecken. Die gefüllten Hörnchen in Alufolie einwickeln, nebeneinander auf ein Blech legen und in der heißen Röhre etwa 10 min backen.
Während des Urlaubs backen wir sie am Lagerfeuer – gut in glühender Asche vergraben (Dauer etwa 15 min). Dabei wird über den vergrabenen Hörnchen kein Feuer mehr unterhalten. Zu Tee oder Weißwein reichen.
Für 3 Personen

Fischleberwurst (ČSSR)

Zutaten:
650 g reines Karpfenfleisch, 60 g Zwiebeln, Petersilie, 40 g Butter, 350 g gekochte Kartoffeln, 3 Eier, 30 g Grieß, Salz, gemahlener Pfeffer, Muskat, Majoran, 60 g Speck, 2 Eßlöffel Milch – 4 m reiner Schweinedarm und Speiler – 50 g Zwiebeln, 80 g Butter zum Braten der Leberwürste

Zubereitung:
Das rohe Karpfenfleisch entgräten und von der Haut befreien, in Stücke schneiden und wolfen. In Butter die kleingeschnittenen Zwiebeln und die feingehackte Petersilie anschwitzen und auskühlen lassen. In eine Schüssel geben, die geriebenen Kartoffeln, die verquirlten Eier, Grieß, Salz, Gewürze, den kleingewürfelten Speck, das gewolfte Karpfenfleisch zugeben und alles gut vermengen. Mit Hilfe eines Beutels, in den die Fischfarce gefüllt wurde, den sauberen Schweinedarm füllen und mit einem Speiler die beiden Enden verschließen. (Es darf jedoch nicht bis obenhin Farce eingefüllt werden, da die Würste sonst beim Kochen platzen würden.) Die Leberwürste in eine breitere

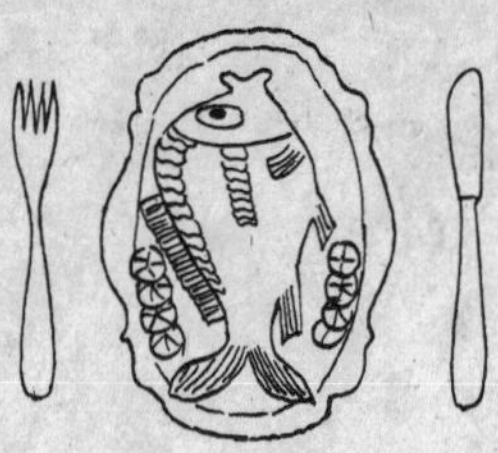

Kasserolle mit kaltem Salzwasser legen, zum Kochen bringen und 10 min garziehen. Die gegarten, später abgekühlten Würste mit Butter und Zwiebel braten.
Als selbständiges Gericht reichen.
Beilage: Salzkartoffeln und saure Gurke oder sauer gekochtes Gemüse, ggf. Rohkost-Gemüsesalat.
Für 6 Personen (12 Würste)

3.3. Warme Beilagen zu Karpfen

Diese können Topinky, Kartoffeln in allen Zubereitungsarten, gekochtes und gedünstetes Gemüse, gedünsteter und gekochter Reis, Butternockerln, Teigwaren, sogar Knödel (siehe Rezept «Gargezogener Karpfen schwarz») usw. sein.

Gebackene Topinky (X)

Roggenbrot in 1 cm dicke Scheiben schneiden und die Rinde entfernen. Aus den Scheiben quadratische, rechteckige oder dreieckige oder mit einem geeigneten Ausstecher runde Formen ausschneiden. Sie haben meist einen Durchmesser von 5 ... 6 cm. Je nach dem Verwendungszweck können sie allerdings auch größer sein.
Die vorbereiteten Brotscheiben in heißem Fett goldgelb backen. Wichtig ist, daß das Fett wirklich heiß ist, die Topinky darin schwimmen und das Backen schnell erfolgt. Die Oberfläche ist dann gleichmäßig gefärbt, knusprig und das Innere saftig. In zu wenig erhitztem Fett gebackene Topinky saugen zuviel Fett auf und sind dann nicht nur innen schwammig, sondern auch schwerverdaulich.
Als *Beilage* zu Karpfenhaschee, Karpfen, in Öl gebraten, zum gegrillten Karpfen, Karpfen in Alufolie usw. reichen. Man kann die gebackenen Topinky auch mit warmem Karpfenhaschee (siehe Rezept «Karpfenhaschee») bestreichen und als Imbiß zu Wein reichen.

Kartoffelschnee (M)

Zutaten:
1500 g vorzugsweise mehlige Kartoffeln, Salz,
60 g Butter

Zubereitung:
Die gekochten Pellkartoffeln schälen, noch heiß mit Salz bestreuen, durch die Kartoffelpresse drücken. Die durchgedrückten, aufgelockerten Kartoffeln vorsichtig auf einer vorgewärm-

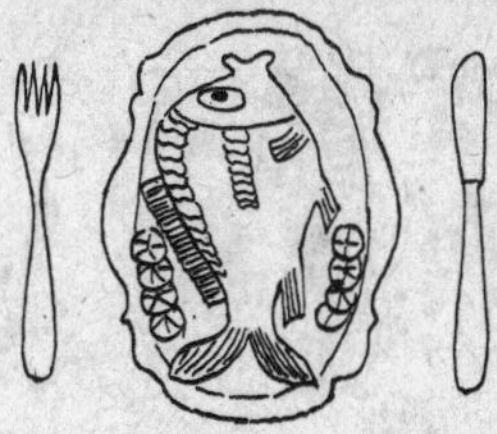

ten Platte oder auf Tellern anrichten und mit der erhitzten Butter beträufeln.
Zu gebratenem und gebackenem Karpfen, Karpfenbuletten, Karpfenhackbraten usw. reichen.
Für 6 Personen

Kartoffeln, in Fett gebraten (X)

Zutaten:
1500 g Kartoffeln, 100 g Schweinefett oder Öl, Salz

Zubereitung:
Größere, gewaschene Kartoffeln schälen, in ½ cm dicke Scheiben schneiden und in kaltes Wasser legen, damit sie nicht schwarz werden. Jedoch nicht lange eingeweicht lassen. Vor dem Garen die Kartoffeln mit einem Tuch abtrocknen. Dann in der Röhre in der Bratpfanne in heißem Fett auf beiden Seiten goldbraun braten. Die Kartoffeln entweder vor dem Braten oder erst danach salzen, ggf. auch mit Kümmel bestreuen.
Anmerkung: Kartoffeln beim Braten nicht übereinanderlegen, deshalb ein breiteres Gefäß verwenden. – Bratdauer in der Röhre 15 min.
Als *Beilage* zu gebratenem und gebackenem Karpfen, gegrilltem Karpfen, Karpfen in Alufolie, Karpfenspieß usw. reichen.
Für 6 Personen

Gebratene Zierkartoffeln (M)

Zutaten:
12 größere ovale Kartoffeln, möglichst gleich groß, Salz, Kümmel, 60 g Schweinefett oder Öl, 40 g Butter

Zubereitung:
Die gewaschenen, rohen Kartoffeln schaben oder schälen und quer in dünne Scheiben schneiden, den Schnitt jedoch nicht zu Ende führen, so daß die Kartoffel unten ganz bleibt. Zwischen die einzelnen Scheiben ein wenig Salz und Kümmel streuen, dann in eine Kasserolle mit heißem Fett setzen und in der heißen Röhre so lange braten, bis die Kartoffeln gar sind und die Blätter sich öffnen. Dies dauert 15 ... 20 min. Während des Bratvorganges die Kartoffeln mit zerlassener Butter beträufeln oder Butterflocken auflegen.
Als garnierende *Beilage* zu gedünstetem Karpfen mit Knoblauch, in Fett gebratenem Karpfen, gegrilltem Karpfen, Karpfen in Alufolie, gebackenem Karpfen usw. reichen.
Für 6 Personen

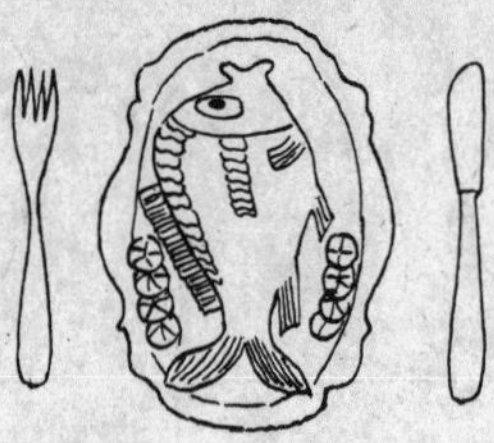

Pommes frites (F)

Zutaten:
2000 g Kartoffeln, 750 g Öl, feinkörniges Salz

Zubereitung:
Von geschälten und gut gewaschenen rohen Kartoffeln etwa 4 cm lange und 8 mm dicke Stäbchen schneiden, in kaltes Wasser legen und 30 min wässern, damit ein Teil der Stärke ausgeschwemmt wird. Dann nach und nach aus dem Wasser nehmen und mit einem sauberen Wischtuch gut abtrocknen, in ein Drahtkörbchen geben, das jedoch nur zur Hälfte gefüllt werden darf. Das Körbchen mit den Kartoffeln in nicht allzu heißes Fett (140 °C) setzen und so lange darin belassen, bis die pommes frites halbgar sind. Sie dürfen jedoch noch keine Farbe annehmen. Dann das Körbchen mit den Kartoffeln herausnehmen und auskühlen lassen. (Die so in Öl vorgegarten pommes frites können mehrere Stunden kaltgestellt aufbewahrt und erst vor dem Verzehr zu Ende gebacken werden.) Die kalten pommes frites im Fritierkorb in sehr heißes Öl (190 °C) setzen und darin belassen, bis die Kartoffeln knusprig gebacken sind. Dabei ab und zu den Korb schütteln, damit die Kartoffeln nicht aneinanderkleben. Anschließend herausnehmen, in eine Porzellanschüssel geben, salzen und durch Schütteln der Schüssel die pommes frites wenden. Nicht zudecken, damit sie nicht weich werden. Sofort heiß servieren.
Anmerkung: Die beim pommes-frites-Schneiden entstandenen Abschnitte zu Kartoffelsuppe, Kroketten, Kartoffelbuletten usw. verwenden.
Als *Beilage* zu in Fett gebratenem Karpfen, gegrilltem Karpfen, Karpfen in Alufolie, gebackenem Karpfen, Karpfenspieß usw. reichen.
Für 6 Personen

Kartoffelbaiser (X)

Zutaten:
1000 g rohe, möglichst mehlige Kartoffeln, 100 g Butter, 2 Eigelb, 1 Ei, 40 g Reibekäse, Salz, geriebene Muskatnuß – Fett und Mehl zum Einstreichen und Bestäuben des Blechs, 1 Ei zum Bestreichen

Zubereitung:
Die geschälten Kartoffeln waschen, vierteln, in Salzwasser kochen, den Dampf abziehen lassen und noch heiß durchs Sieb oder durch die Kartoffelpresse drücken. In einer Schüssel die Butter schaumig rühren, Reibekäse, Eigelb, Ei, Salz, Muskatnuß, durchgedrückte Kartoffeln zugeben und alles gut vermengen. Diese Masse in einen Spritzbeutel mit Sterntülle füllen. Auf das mit Butter bestrichene und mit Mehl bestäubte Blech Baiser spritzen, diese mit verschlagenem Ei bestreichen und in

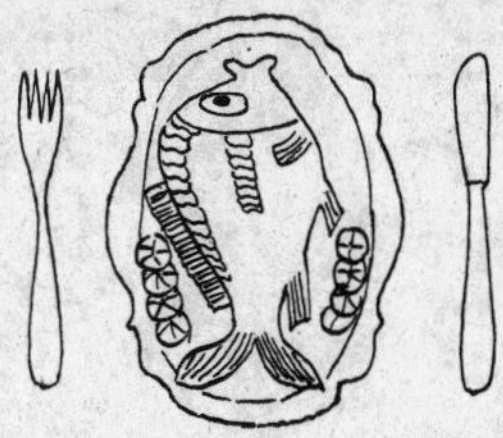

der heißen Backröhre knusprig backen. Dauer 12 min. (Außer diesen «Küßchen» können auch Kränzchen gespritzt werden, mit denen der Plattenrand garniert werden bzw. die man mit gedünsteten grünen Erbsen füllen kann.)
Als *Beilage* zu gedünsteten und gebratenen Karpfenspeisen reichen.
Für 6 bis 8 Personen

Kartoffelkroketten (X)

Zutaten:
900 g rohe Kartoffeln, Salz, geriebene Muskatnuß, 60 g Butter, 3 Eigelb – zum Panieren 3 Eiklar und geriebene Semmel, zum Ausbacken Öl

Zubereitung:
Die sauber gewaschenen Kartoffeln mit Schale weichkochen, schälen, noch heiß durch das Sieb oder die Kartoffelpresse drükken, in eine Schüssel geben, salzen, Eigelb, zerlassene Butter zugeben und alles gut vermengen. Aus der erkalteten Masse auf dem bemehlten Kuchenbrett Walzen, 6 cm lang und 2,5 cm dick, oder Bällchen mit etwa 3 cm Durchmesser formen, in geschlagenes Eiklar (oder Ei) tauchen, in geriebener Semmel wälzen und in heißem Öl goldgelb ausbacken.
Geschmacksabwandlung: Der Masse kann auch 30 g Reibekäse beigegeben und das Ganze mit gemahlenem Pfeffer gewürzt werden.
Als *Beilage* zu gebratenem, gebackenem und gegrilltem Karpfen, zu Karpfenbraten usw. reichen.
Für 6 Personen

Kartoffelmedaillons (ČSSR)

Zutaten:
Kartoffelmasse wie für Kartoffelkroketten (siehe Rezept), ferner 30 g Reibekäse, 1 Eßlöffel dickes Tomatenmark, 1 Ei zum Bestreichen, Fett und Mehl fürs Blech

Zubereitung:
In die Kartoffelmasse den geriebenen Käse und das Tomatenmark geben. Die Masse auf dem bemehlten Kuchenbrett zu einer dicken Rolle ausrollen, diese in 40-g-Stücke schneiden, aus denen kleine, runde Fladen (Medaillons) zu formen sind. Diese mit verquirltem, gesalzenem Ei bestreichen, auf ein gefettetes und mit Mehl bestäubtes Blech legen und in der heißen Röhre goldgelb backen.
Als *Beilage* zu gedünstetem, mit Soße angerichtetem Karpfen reichen oder den gebratenen, auf einer Platte angerichteten Karpfen damit umgeben.
Für 6 Personen

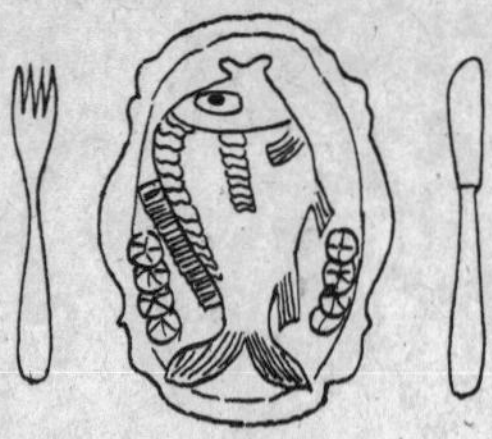

Grüne Bohnen französische Art (F)

Zutaten:
600 g grüne Bohnen, Wasser, Salz, Petersilie, 80 g Butter, gemahlener Pfeffer

Zubereitung:
Die gesäuberten, von den Fäden befreiten grünen Bohnen in Salzwasser weichkochen (je nach Größe und Sorte 20 . . . 30 min). Dabei die grünen Bohnen in einer ausreichenden Menge Wasser, nicht zugedeckt, kochen, damit sie ihre frische grüne Farbe behalten. Dann in einer Stielpfanne Butter zerlassen, die abgegossenen grünen Bohnen mit Salz und gehackter Petersilie hineingeben, schwach pfeffern und kurz dünsten.
Geschmacksabwandlung: Anstelle frischer grüner Bohnen können auch gefrorene verwendet werden. Diese werden jedoch in gefrorenem Zustand in kochendes Wasser gegeben. Die Garzeit ist kürzer als bei Frischgemüse. – Sterilisierte grüne Bohnen werden nur abgegossen, gesalzen und gewürzt und kurz in Butter gedünstet.
Als *Beilage* zu gargezogenem und gedünstetem Karpfen.
Für 6 Personen

Gedünstete grüne Erbsen (X)

Zutaten:
600 g junge grüne Erbsen, Salz, Wasser, 50 g Butter, 30 g Zucker

Zubereitung:
Die gewaschenen grünen Erbsen in kochendes Salzwasser geben und unbedeckt 5 min kochen, abgießen und abtropfen lassen. Dann in Butter dünsten, nach Belieben süßen, bei Bedarf etwas Salz zugeben und leicht umrühren.
Geschmacksabwandlung: Bei Verwendung von sterilisierten jungen Erbsen werden diese nur abgegossen und dann sofort in Butter gedünstet. – Werden gefrorene grüne Erbsen zubereitet, so läßt man diese etwas auftauen und kocht sie vor dem Dünsten kurz in Salzwasser.
Als *Beilage* zu gargezogenem, gedünstetem, gebratenem und gegrilltem Karpfen.
Für 6 Personen

Grüne Erbsen mit Möhren (X)

Zutaten:
400 g junge Erbsen, bereits gekocht, oder sterilisierte grüne

Zubereitung:
Die gesäuberten Möhren oder Karotten in kleine Würfel schneiden, mit Butter und etwas Brühe gardünsten. Die abgezogenen

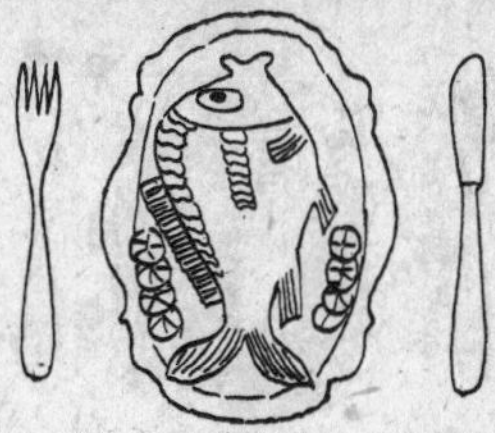

Erbsen, 250 g Möhren oder Karotten, 20 g Zucker, gemahlener Pfeffer, 50 g Butter, Brühe

grünen Erbsen zugeben, salzen, süßen, mit Pfeffer würzen und aufkochen.
Als *Beilage* vorwiegend zu gargezogenem und gedünstetem Karpfen reichen.
Für 6 Personen

Gedünstete Karotten oder Möhren mit Weinbrand (F)

Zutaten:
600 g Karotten oder Möhren, 50 g Butter, Brühe, 40 g Puderzucker, Salz, 40 ml Weinbrand

Zubereitung:
Die geputzten Karotten oder Möhren in kleine Würfel schneiden, mit Butter, Brühe und Salz gardünsten. Wenn die Karotten weich sind, den Fond teilweise verkochen lassen, mit Weinbrand angießen, süßen, die Kasserolle mit einem Deckel bedekken und die Karotten kurz dünsten.
Als *Beilage* zu gebratenem und gegrilltem Karpfen reichen.
Für 6 Personen

Gedünsteter Blumenkohl mit holländischer Soße (NL)

Zutaten:
800 g Blumenkohl, 200 ml holländische Soße, Salz, Wasser, Petersilie

Zubereitung:
Den geputzten und gewaschenen Blumenkohl in Röschen zerteilen, in eine Kasserolle geben, mit kochendem Wasser angießen und unbedeckt 5 min dünsten. Salzen, falls erforderlich noch etwas angießen, zudecken und gardünsten. Den weichen, auf einem Sieb abgetropften Blumenkohl auf Tellern anrichten und mit holländischer Soße übergießen. Mit feingehackter Petersilie bestreuen.
Zusammen mit gekochten Kartoffeln als *Beilage* zu gedünstetem Karpfen reichen.
Für 6 Personen

Butternockerln (M)

Zutaten:
400 g Mehl, 80 g und 20 g Butter, Salz, 2 Eier, $\frac{3}{8}$ l Milch, $\frac{1}{2}$ Teelöffel Backpulver

Zubereitung:
In einer Schüssel 80 g Butter mit Eiern und Salz schaumig rühren, dann nach und nach das mit dem Backpulver vermengte Mehl zugeben, Milch zugießen und den Teig so lange rühren, bis er nicht mehr am Rührlöffel haftet. Den fertigen Teig, der geschmeidig sein soll, mit einer Serviette bedecken und 20 min ruhen lassen. Dann mit einem kleineren Löffel, stets in heißes

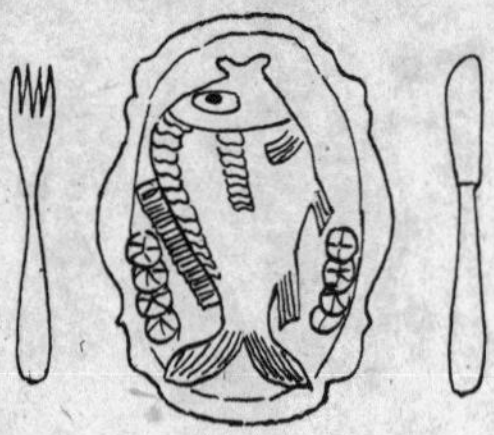

Wasser getaucht, Nockerln vom Teig abstechen, an der Schüsselwand glätten, in kochendes Salzwasser geben und 8 . . . 10 min garziehen. Die gegarten Nockerln herausheben, mit heißem Wasser übergießen und gut abgetropft mit heißer Butter beträufeln.
Als *Beilage* zu gedünstetem Karpfen mit Paprika, mit Speck, mit Gemüse, zu Karpfengulasch usw. reichen.
Für 6 Personen

Butterknödelchen (M)

Zutaten:
80 . . . 100 g Butter, 2 Eier, Salz, Petersilie, geriebene Muskatnuß, 360 g geriebene Semmel, ¼ l Milch

Zubereitung:
In einer Schüssel Butter mit Salz schaumig rühren, gehackte Petersilie, Muskatnuß, verquirlte Eier und etwas Semmelmehl zugeben und alles glatt verrühren. In dieses Gemisch die restliche geriebene Semmel schütten, die Milch zugeben, vermengen und 15 min stehenlassen. Ist der Teig zu fest, noch etwas Milch und schaumig gerührte Butter zugeben. Knödel zu 20 g formen, in kochendes Salzwasser geben und 6 . . . 8 min mäßig kochen.
Als *Beilage* zu gedünstetem Karpfen mit Paprika, mit Gemüse, mit Speck, zu Karpfen in Rotwein, Karpfen mit Kapernsoße, Karpfenragout usw. reichen.
Für 6 Personen

Gekochter Reis (In)

Zutaten:
300 g Reis, 2½ l Wasser, Salz, 50 g Butter

Zubereitung:
Den verlesenen Reis mit heißem Wasser überbrühen. In kochendes Salzwasser geben und unter mehrmaligem Umrühren mit dem Kochlöffel je nach Reissorte 16 . . . 20 min kochen. Dann abgießen und abschrecken. In einer Kasserolle Butter zerlassen, den gekochten Reis zugeben und kurz dünsten. Während des Dünstens den Reis mehrmals mit einer Gabel lockern. Bei Bedarf noch ein wenig nachsalzen.
Geschmacksabwandlung: Der gekochte Reis kann auch mit Chillies oder Curry abgeschmeckt werden.
Als *Beilage* zu gedünstetem Karpfen mit Paprika, Karpfen auf Seemannsart, Karpfen mit Kapernsoße, zu gebratenem Silvesterkarpfen, zu gebratenem Karpfen chinesisch, zu Karpfengulasch usw. reichen.
Für 6 Personen

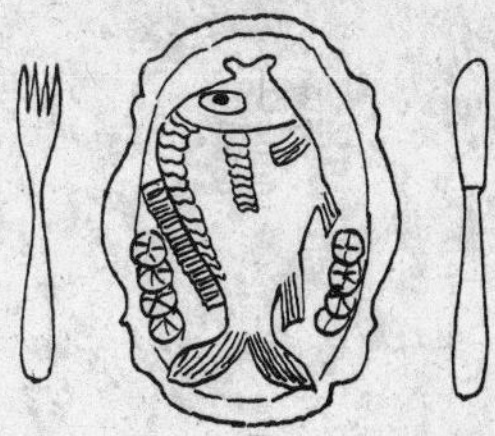

Gedünsteter Reis (X)

Zutaten:
300 g Reis, 50 g Butter oder Schweinefett, 1 kleine Zwiebel, Salz, Fischfond oder Wasser

Zubereitung:
Den Reis verlesen und in kaltem Wasser waschen, anschließend mit einer Serviette gut abtrocknen, in heißes Fett geben und unter ständigem Rühren dünsten, bis er glasig ist. Dann salzen und im Verhältnis zum Reis eineinhalbmal soviel kochende Brühe oder kochendes Wasser aufgießen (etwa $\frac{3}{4}$ l), die Zwiebel im ganzen zugeben, schnell zum Kochen bringen, mit einem Deckel bedecken und in der heißen Backröhre ohne weiteres Umrühren 25 min dünsten. (Falls erforderlich, den Reis mit einer zweizinkigen Küchengabel umrühren, besser aber nur aufschütteln. Wird Flüssigkeit zugegossen, dann nur kochende, damit keine Unterbrechung beim Dünsten eintritt.) Die Zwiebel aus dem fertigen Reis nehmen. Reis kann zugedeckt im Wasserbad warmgehalten werden.
Geschmacksabwandlung: In die Zwiebel kann eine Nelke gesteckt und der Reis mit Macis gewürzt werden.
Als *Beilage* wie bei gekochtem Reis (siehe vorstehendes Rezept) reichen. Er eignet sich auch zur Bereitung von Risotto.
Für 6 Personen

Champignon-Reis (It)

Zutaten:
600 g gekochter oder gedünsteter Reis (siehe vorstehende Rezepte), 150 g Champignons, 40 g Butter

Zubereitung:
Mit dem fertig gekochten oder gedünsteten Reis die geputzten, in Scheiben geschnittenen und in Butter gedünsteten Pilze vermengen.
Als *Beilage* zu gedünstetem Karpfen reichen.
Für 6 Personen

3.4. Kalte Beilagen und kalte Soßen zu Karpfen

Zu diesen Beilagen zählen kalte Mayonnaisesoßen, Soßen mit Meerrettich, Aspik, Rohkost-Gemüsesalate, wie Kopfsalat, Gurkensalat, Tomatensalat, Paprikasalat, Salate aus gekochtem oder gedünstetem Gemüse, wie Selleriesalat, Schwarzwurzelsalat, Blumenkohlsalat, Porreesalat, ferner Kartoffelsalate, Mayonnaisesalate und Reissalate. Auch Brot, Semmeln, Salzhörnchen, Weißbrot, Blätterteigstangen u. a. sind geeignete Beilagen zu vielen Karpfenspeisen.

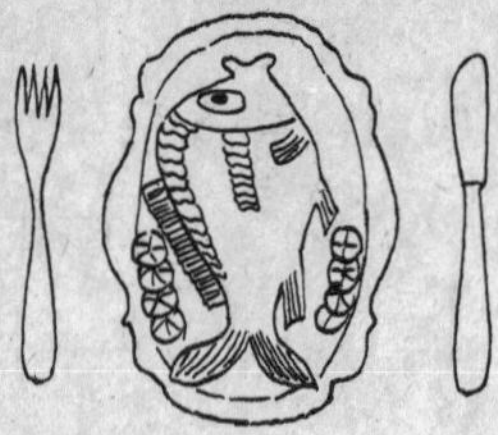

Grundmayonnaise (X)

Zutaten:
2 Eigelb, 250 . . . 300 g Öl, Saft von ½ Zitrone oder 2 Eßlöffel Essig, Salz

Zubereitung:
In eine Porzellanschüssel, möglichst mit abgerundetem Boden (wie bei einem Kessel), die beiden völlig vom Eiklar getrennten Eigelbe geben, etwas salzen und mit dem Schneebesen verrühren. Anfangs nur tropfenweise Öl zugeben, und zwar so lange, bis die Masse dick zu werden beginnt. Nun unter ständigem Rühren mit dem Schneebesen das Öl in einem dünnen Strahl zugießen, bis die dicke Masse an dem Schneebesen zu haften beginnt und einen Kloß bildet. Diese Masse mit Zitronensaft oder Essig verdünnen und wiederum unter ständigem Rühren so lange Öl als dünnen Strahl zugießen, bis die Masse erneut so dick wird, daß sie am Schneebesen haftet. Damit ist die Grundmayonnaise zubereitet, die vorwiegend für verschieden gewürzte Mayonnaise und kalte Soßen Verwendung findet.
Etwa 350 g Mayonnaise

Wichtiger Hinweis:
Grundmayonnaise ist auch im Handel erhältlich. Bei ihrem Würzen ist das Salz wegzulassen. Dies gilt auch, wenn aus dieser Mayonnaise Marinaden zubereitet werden. – Durch Verlängern der Mayonnaise mit Joghurt (auf 150 g Mayonnaise nimmt man 2 gehäufte Eßlöffel weißen Joghurt) wird ihr Fettgehalt gesenkt und gleichzeitig ihr biologischer Wert erhöht.

Gewürzte Mayonnaise (X)

Zutaten:
350 g Grundmayonnaise (siehe Rezept), 2 Eßlöffel Essig oder Zitronensaft, 1 Teelöffel Senf, 1 Teelöffel Puderzucker, gemahlener Pfeffer und Salz, 1 Teelöffel Worcestersoße

Zubereitung:
Die Grundmayonnaise (siehe Rezept) in eine Porzellanschüssel geben, die angegebenen Zutaten nach und nach untermengen. Die gewürzte Mayonnaise zum Schluß mit dem Schneebesen gut verrühren.
Als *Beilage* zu gargezogenem, gebratenem, gebackenem und gegrilltem Karpfen reichen. Man verwendet sie ferner zur Zubereitung der verschiedensten Salate.
Für 5 bis 7 Personen

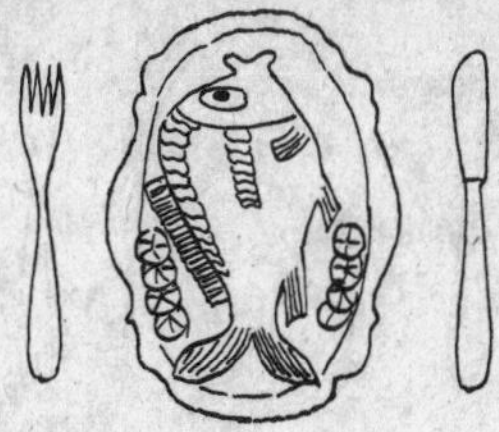

Mayonnaise mit Sahne (Sahnemayonnaise) (F)

Zutaten:
300 g gewürzte Mayonnaise (siehe Rezept), 2 gehäufte Eßlöffel Schlagsahne, Zitronensaft, 1 Teelöffel Zucker

Zubereitung:
Die Mayonnaise in ein Porzellanschüsselchen geben, Zucker und Zitronensaft zusetzen und die geschlagene Sahne vorsichtig mit dem Kochlöffel unterziehen. Die Mayonnaise sofort zur Bereitung von Spezialmayonnaisen und feinen Salaten sowie als *Beilage* zu gargezogenem und gebackenem Karpfen verwenden.
Für 6 Personen

Senfsoße (M)

Zutaten:
200 g Grundmayonnaise (siehe Rezept), 2 Eßlöffel Senf, 1 Eßlöffel Essig oder Zitronensaft, Zucker, Salz, gemahlener Pfeffer

Zubereitung:
Die Mayonnaise in ein Schüsselchen geben, nach und nach die übrigen Zutaten zusetzen und das Ganze abschließend mit dem Kochlöffel gut verrühren. Ist die Soße zu dick, wird sie mit etwas Milch oder Wasser verdünnt.
Zu gargezogenem oder gegrilltem Karpfen, zu Karpfen in Aspik oder Karpfensülze reichen.
Für 6 Personen

Remouladensoße (X)

Zutaten:
200 g Grundmayonnaise (siehe Rezept), Saft von 1 Zitrone, $^1/_2$ Teelöffel feingehackte Kapern, 2 Teelöffel gehackte saure Gurken, 1 Teelöffel glatter Senf, Salz, gemahlener Pfeffer, Zucker, 10 g Kaviar

Zubereitung:
Die Mayonnaise in ein Schüsselchen geben, die übrigen Zutaten nach und nach zusetzen und mit dem Kochlöffel gut vermengen. Bei Bedarf mit Wasser verdünnen.
Zu gargezogenem, gebratenem und gebackenem Karpfen, Karpfensülze, Aspik-Karpfenbrot und Karpfen in Aspik reichen.
Für 6 Personen

Schwedische Soße (Sw)

Zutaten:
200 g Grundmayonnaise (siehe Rezept), 1 Apfel, 2 Eßlöffel Weißwein, 2 gehäufte Eßlöffel Schlagsahne, 2 Teelöffel geriebener Meerrettich, 1 Eßlöffel Essig, 1 Teelöffel Zucker, Salz, gemahlener

Zubereitung:
Den Apfel schälen, halbieren, das Kernhaus ausschneiden. Den Apfel grob schneiden, in eine Kasserolle geben, mit Wein begießen und weichdünsten. Den gedünsteten, erkalteten Apfel pürieren. Mayonnaise in eine Porzellanschüssel geben und unter ständigem Rühren Apfelpüree, Gewürze, Essig, geriebenen Meerrettich zusetzen und zuletzt die geschlagene Sahne unterziehen.

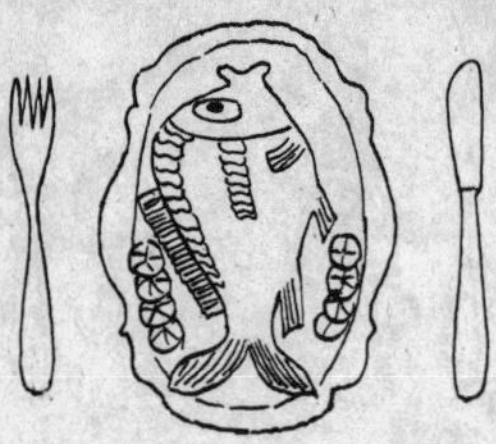

Pfeffer, 1 Teelöffel Worcestersoße

Zu gargezogenem und gebackenem Karpfen reichen.
Für 6 Personen

Tatarensoße (X)

Zutaten:
200 g Grundmayonnaise (siehe Rezept), 2 Eßlöffel Essig, 1 Teelöffel Senf, gemahlener Pfeffer, Salz, 1 Teelöffel Worcestersoße, 2 Teelöffel Gewürzmischung, zubereitet aus Kapern, saurer Gurke, Zwiebel, Petersilie und Sardellen bzw. Sardellenpaste (Von diesen Gewürzzutaten je 5 g kleinhacken. Zuletzt eine Prise abgeriebene Zitronenschale daruntermischen.)

Zubereitung:
Die Mayonnaise in eine Schüssel geben, die Zutaten nach und nach zufügen und alles gut vermengen.
Zu gargezogenem, gebratenem, gebackenem, gegrilltem Karpfen, Karpfensülze, Aspik-Karpfenbrot und Karpfen in Aspik reichen.
Für 6 Personen

Essigmeerrettich (X)

Zutaten:
40 g frisch geriebener Meerrettich, $^1/_8$ l Fleischbrühe, 100 ml Essig, 1 Teelöffel Zucker, Salz

Zubereitung:
Den geriebenen Meerrettich in eine Schüssel geben, mit Brühe und Essig übergießen, süßen, salzen, umrühren und kaltstellen.
Zu gargezogenem und gedünstetem Karpfen reichen.
Für 6 Personen

Roter Meerrettich (P)

Zutaten:
150 g gekochte rote Rüben, 150 g Äpfel, 50 g geriebener Meerrettich, 100 ml Essig, eine kleine Prise gestoßener Fenchel, 1 bis 2 Teelöffel Zucker

Zubereitung:
Die roten Rüben und die geschälten Äpfel fein reiben, in eine Schüssel geben, den geriebenen Meerrettich, Essig, Salz, Zucker hinzufügen und das Ganze gut vermengen.
Zu gargezogenem und gegrilltem Karpfen reichen.
Für 6 Personen

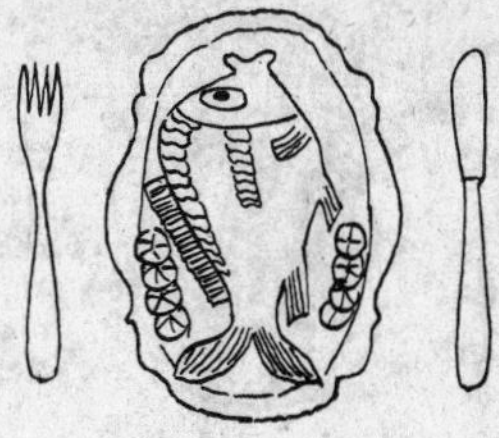

Nußmeerrettich (M)

Zutaten:
60 g geriebener Meerrettich, 60 g geriebene Walnüsse, eine Prise Salz, 1 bis 2 Teelöffel Zucker, 200 ml dicke süße Sahne

Zubereitung:
Die Sahne in eine Schüssel gießen, alle anderen Zutaten zugeben und leicht verrühren.
Zu gargezogenem, gedünstetem und in Alufolie gebackenem Karpfen reichen.
Für 6 Personen

Tomatenmeerrettich (It)

Zutaten:
200 ml Tomatenketchup, 2 Eßlöffel geriebener Meerrettich, 1 Eßlöffel Zitronensaft

Zubereitung:
Den Ketchup in eine Schüssel gießen, den geriebenen Meerrettich und Zitronensaft zugeben, leicht vermengen und kaltstellen.
Zu gargezogenem und gedünstetem Karpfen, Karpfensülze und zu Aspik-Karpfenbrot reichen.
Für 4 bis 6 Personen

Aspik – schnelle Zubereitung ohne Klären (X)

Zutaten:
1 l Wasser, 200 ml Essig, 1 Eßlöffel Zucker, $^1/_2$ Teelöffel Salz, 60 g Gelatine- oder Aspikpulver

Zubereitung:
Das Gelatinepulver mit $^1/_4$ l kaltem Wasser 20 min quellen lassen. In das restliche Wasser (d. h. $^3/_4$ l) den Essig gießen, Salz und Zucker hinzufügen und 5 min kochen lassen. Dann vom Herd nehmen, sofort die gequollene Gelatine zugeben und rühren, bis die Gelatine vollständig aufgelöst ist. Dies dauert 5 min. Sie darf nicht kochen. Der so bereitete Aspik kann nach dem Erkalten sofort zum Gelieren von Karpfen oder anderen aus Karpfenfleisch bereiteten kalten Speisen verwendet werden. Wichtig ist, daß der zum Begießen der Speisen verwendete Aspik abgekühlt, jedoch noch flüssig ist. Erstarrt die Aspikbrühe vorzeitig, so stellt man sie im Topf in heißes Wasser, wodurch sie erneut flüssig wird.

Gurkensalat (X)

Zutaten:
600 g Gurken, $^1/_{16}$ l Essig oder Zitronensaft, 1 Eßlöffel Öl,

Zubereitung:
Gurken schälen, die Spitzen (etwa 2 cm) abschneiden und auf Bitterkeit prüfen. Die Gurken in Scheiben oder Streifen raspeln

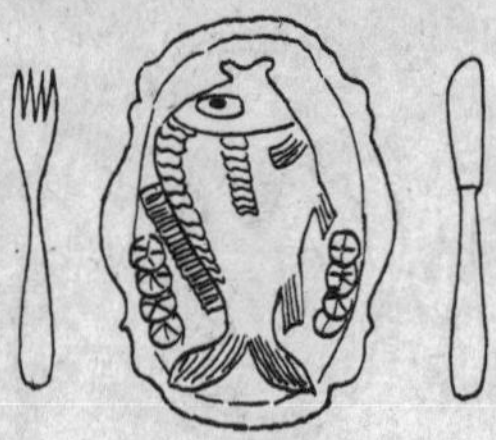

Salz, gemahlener Pfeffer oder Delikateßpaprika, Zucker nach Belieben

und in eine Schüssel geben. Gewächshausgurken nicht schälen, sondern nur waschen und in dünne Scheiben raspeln. Aus den übrigen angegebenen Zutaten eine Marinade bereiten, über die Gurken gießen und vorsichtig vermengen.
Zu gebratenem und gebackenem Karpfen reichen.
Für 6 Personen

Selleriesalat mit Walnüssen (ČSSR)

Zutaten:
600 g Sellerie, Salz, 300 ml Wasser, 4 Pfefferkörner, 1 Lorbeerblatt, $^1/_8$ l Essig, Saft von 1 Zitrone, 20 g Zucker, ggf. 2 Eßlöffel Himbeersaft, 4 Eßlöffel Öl, 150 g Walnüsse

Zubereitung:
Das Wasser in eine Kasserolle gießen, Salz, Gewürze, Essig zugeben und das Ganze zum Kochen bringen. Inzwischen den gewaschenen Sellerie schälen, in 3 mm dicke Scheiben oder zu Würfeln schneiden, ins kochende Wasser geben und 15 min dünsten. Den weichen Sellerie abgießen und in eine Salatschüssel geben. Den vom Kochen des Selleries verbliebenen Sud passieren, Zucker, Zitronensaft, Himbeersaft, Salz und Öl zugeben, gut verrühren und die entstandene Marinade über den Sellerie gießen. Die Marinade soll den Sellerie gerade bedecken. Den fertigen Salat in den Kühlschrank stellen. Vor dem Servieren die einzelnen Portionen mit feingehackten Nüssen bestreuen.
Zu gebratenem und gebackenem Karpfen, gegrilltem und in Alufolie gebackenem Karpfen reichen.
Für 6 Personen

Einfacher Kartoffelsalat (ČSSR)

Zutaten:
600 g gekochte Kartoffeln, 2 große saure Gurken, 80 g Zwiebeln, 4 Eßlöffel Essig, $^1/_8$ l heiße Fleischbrühe oder Brühe von Brühpaste, Salz, gemahlener Pfeffer, 1 Teelöffel Puderzucker, 3 Eßlöffel Öl, Petersilie

Zubereitung:
Die gekochten, geschälten Kartoffeln noch heiß entweder in Scheiben oder kleine Würfel schneiden und in eine Salatschüssel geben. In ein Gefäß die heiße Brühe, Essig, Salz, Pfeffer, Zucker und Öl geben, gut verrühren und die entstandene Marinade über die noch warmen Kartoffeln gießen. Dann die kleingeschnittene Zwiebel und die kleingeschnittenen sauren Gurken zugeben, vermengen und zugedeckt in den Kühlschrank stellen.
Als *Beilage* zu gebratenem oder gebackenem Karpfen reichen.
Für 6 Personen

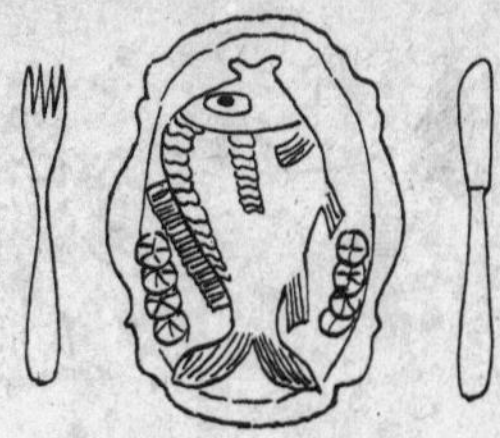

Bunter Kartoffelsalat (P)

Zutaten:
100 g rote Rüben, in Essigaufguß eingelegt, 2 Gewürzgurken, 1 kleine Zwiebel, 1 Apfel, 250 g gekochte Kartoffeln, Salz, 1 Teelöffel Worcestersoße, 1 Eßlöffel Zitronensaft, 250 g gewürzte Mayonnaise (siehe Rezept)

Zubereitung:
Alle Zutaten kleinwürfeln, in eine Salatschüssel geben, etwas salzen, mit Worcestersoße und Zitronensaft beträufeln, gut vermengen und zuletzt die gewürzte Mayonnaise unter den Salat ziehen.
Als *Beilage* zu gebratenem, gebackenem und gegrilltem Karpfen reichen.
Für 6 Personen

Französischer Salat (D)

Zutaten:
250 g gekochte Kartoffeln, in Salzwasser gekochtes oder konserviertes Gemüse (80 g Möhren, 60 g grüne Bohnen, 80 g grüne Erbsen, 100 g Gewürzgurken, 80 g frische Äpfel oder Apfelkompott), Salz, Essig oder Zitronensaft, gemahlener Pfeffer, 1 Teelöffel Worcestersoße, 300 . . . 350 g gewürzte Mayonnaise (siehe Rezept) oder Sahnemayonnaise (siehe Rezept «Mayonnaise mit Sahne»)

Zubereitung:
Kartoffeln, Möhren, grüne Bohnen und Äpfel in kleine, gleichgroße Würfel schneiden und in eine Salatschüssel geben. Die Gurken schälen, ebenfalls kleinwürfeln, leicht ausdrücken und zusammen mit den grünen Erbsen zusetzen. Den Salatansatz salzen, pfeffern, säuern, mit Worcestersoße beträufeln, gut vermengen und zuletzt die Mayonnaise unterziehen.
Als *Beilage* zu gebratenem, gebackenem und gegrilltem Karpfen, zu Karpfenhackbraten, Karpfenbuletten, Karpfensülze, Aspik-Karpfenbrot usw. reichen.
Für 8 Personen

Reissalat mit Äpfeln (It)

Zutaten:
250 g gekochter Reis (siehe Rezept), 200 g möglichst säuerliche Äpfel, 1 Eßlöffel Zitronensaft, Salz, gemahlener Pfeffer, 250 g Sahnemayonnaise (siehe Rezept «Mayonnaise mit Sahne»)

Zubereitung:
Den gekochten Reis in eine Schüssel geben, die kleingewürfelten Äpfel hinzufügen, mit Zitronensaft beträufeln, salzen, pfeffern und leicht vermengen. Zuletzt die Mayonnaise unterziehen.
Den fertigen und gut gekühlten Salat als *Beilage* zum gebratenen, gebackenen und gegrillten Karpfen, zu Karpfenhackbraten, Karpfenbuletten, Karpfensülze, Aspik-Karpfenbrot usw. reichen.
Für 6 Personen

Reissalat mit Ananas (C)

Reissalat mit Ananas wird wie Reissalat mit Äpfeln bereitet (siehe vorstehendes Rezept). Anstelle von 200 g nur 100 g Äpfel verwenden und 150 g frische Ananas oder Ananaskompott, in kleine Würfel geschnitten, zusetzen.
Schmeckt vorzüglich als *Beilage* zum gebackenen Karpfen.

3.5. Kalte Speisen aus Karpfen

Karpfenmayonnaise (ČSSR)

Zutaten:
120 g gewürzte Mayonnaise (siehe Rezept), 150 g gargezogenes Karpfenfleisch, 80 g geriebener roher Sellerie, 1 Eßlöffel Essig, Salz

Zubereitung:
Das gargezogene Karpfenfleisch entgräten und von der Haut befreien, in eine Schüssel legen, mit Essig beträufeln und 1/2 h ruhen lassen. Dann den frischen, feingeriebenen Sellerie zugeben und gut vermengen. Die Mayonnaise zusetzen, das Ganze vorsichtig umrühren und nachsalzen.
Die fertige Karpfenmayonnaise, die geschmacklich der Hummermayonnaise ähnelt, zur Zubereitung belegter Brötchen, gefüllter Eier oder gefüllter Tomaten verwenden oder auch als kalte Vorspeise oder Imbiß reichen.
Wird Karpfenmayonnaise für sich gereicht, ist sie auf Glastellern anzurichten und mit Kopfsalat, Zitrone, gekochtem Ei, Petersilie, Tomate usw. zu garnieren.
Beilage: weiße Backwaren und als Getränk Weißwein.
Für 3 Personen

Karpfensalat (ČSSR)

Zutaten:
400 g gargezogener oder gebratener Karpfen, 100 g Blumenkohl, 100 g Möhren, 100 g Sellerie (alles gekocht), 200 g Gewürzgurken, Salz, gemahlener Pfeffer, Worcestersoße, Zitronensaft, 350 g gewürzte Mayonnaise (siehe Rezept) –
1 hartgekochtes Ei, Kopfsalat, Zitrone zum Garnieren

Zubereitung:
Möhren, Sellerie und Gurken in kleine Würfel schneiden und in eine Schüssel geben. Den in kleine Röschen zerteilten Blumenkohl, das entgrätete und zerpflückte oder in kleine Stücke geschnittene Karpfenfleisch zugeben, salzen, pfeffern, mit Worcestersoße und Zitronensaft beträufeln, vorsichtig vermengen und zuletzt die Mayonnaise unterziehen. Den fertigen Salat auf einer Glasschale bzw. -platte anrichten, mit Kopfsalat, Zitrone und hartgekochten Eiern garnieren.
Als Vorspeise oder Imbiß reichen.
Beilage: Weißbrot und Weißwein.
Für 8 Personen

Rožmberker Salat (ČSSR)

Zutaten:
400 g Karpfenfleisch, Salz, Pfeffer, Öl zum Braten, 150 g gekochtes Gemüse (Möhren, Sellerie), 2 saure Gurken, 2 Eßlöffel konservierte grüne Erbsen, 50 g Zwiebeln, 100 g gekochte Kartoffeln, Salz, 2 Eßlöffel Essig, 1 Teelöffel Zucker, 350 g gewürzte Mayonnaise (siehe Rezept) – hartgekochte Eier, Petersilie und Räucherlachs zum Garnieren

Zubereitung:
Das gesäuberte, abgespülte und abgetrocknete Karpfenfleisch salzen, pfeffern und auf beiden Seiten in Öl braten. Den gebratenen Karpfen nach dem Erkalten entgräten, das Fleisch zerkleinern, in eine Schüssel geben und die in kleine Würfel geschnittenen Möhren, den kleingewürfelten Sellerie und die feingeschnittene Zwiebel, die kleingewürfelten Gurken und Kartoffeln und die grünen Erbsen zugeben, salzen, mit dem gesüßten Essig übergießen und gut vermengen. Zuletzt die gewürzte Mayonnaise unterziehen. Den gut gekühlten Salat auf einer Glasplatte anrichten und mit hartgekochten Eiern (geviertelt), geräuchertem Lachs und Petersilie garnieren.
Als Vorspeise oder Imbiß reichen.
Beilage: weiße Backwaren.
Für 8 Personen

Weihnachtlicher Karpfensalat (It)

Zutaten:
400 g gargezogenes Karpfenfleisch, 400 g gekochter Reis (siehe Rezept), schwedische Soße (siehe Rezept) – Tomate oder marinierter Gemüsepaprika, Petersilie zum Garnieren

Zubereitung:
Das von der Haut befreite Karpfenfleisch entgräten, zerpflücken und in eine Salatschüssel geben. Den gekochten Reis zusetzen und vermengen. Nun erst die schwedische Soße vorsichtig unterziehen. Die einzelnen Salatportionen mit Tomate oder konservierten Gemüsepaprikas und Petersilie garnieren.
Als Vorspeise, selbständiges Gericht oder zum Wein reichen.
Beilage: weiße Backwaren.
Für 6 Personen

Karpfenkuppel (D)

Zutaten:
600 g gebratener Karpfen, Saft von $^1/_2$ Zitrone, 150 ml saure Sahne, 3 Eßlöffel Senf, 2 Äpfel, gehackte Petersilie und gehackter Dill, Salz, gemahlener Pfeffer oder Delikateßpaprika, 4 Blätter Kopfsalat, Tomate

Zubereitung:
Gebratenen, entgräteten und enthäuteten Karpfen in nicht allzu kleine Stücke zerpflücken, mit Zitronensaft beträufeln, vermengen, nach und nach in eine Kelle füllen, leicht zusammendrükken, damit das Karpfenfleisch beim Herausstürzen nicht auseinanderfällt. Die Karpfenkuppel auf die gewaschenen Kopfsalatblätter stürzen. Die Sahne in eine Schüssel gießen, Senf, geriebene Äpfel, Kräuter und Gewürze zugeben, alles gut vermengen und die Karpfenkuppel damit übergießen. Die Portionen mit Tomate und Petersilie garnieren.

Als selbständiges Gericht reichen.
Beilage: Salzhörnchen oder Brötchen.
Für 4 Personen

Karpfen jüdische Art (P)

Zutaten:
6 Portionen Karpfen, Salz, gemahlener Pfeffer, Karpfenmilch, 60 g Öl, 250 g Zwiebeln, 4 Knoblauchzehen, Thymian, 2 Lorbeerblätter, $^{1}/_{4}$ l herber Weißwein, $^{1}/_{4}$ l Wasser, 100 g Rosinen, 1 Eßlöffel gehackte Petersilie

Zubereitung:
Die gewaschenen Karpfenportionen abtrocknen, salzen und pfeffern. Die feingeschnittene Zwiebel in Öl anschwitzen, gehackten Knoblauch, Thymian, Lorbeerblätter zugeben und den Karpfen auflegen, mit Wein und Wasser übergießen und zugedeckt 25 min dünsten. Einige Minuten vor Ende der Garzeit die Karpfenmilch zugeben. Dann die Karpfenportionen und die Karpfenmilch vorsichtig herausheben, den Karpfen entgräten und beides in einer Glasschüssel anrichten. Den Karpfenfond passieren und etwas einkochen. Den Karpfen mit den in Wasser leicht aufgekochten Rosinen bestreuen, mit dem eingekochten (reduzierten) Fond übergießen, mit gehackter Petersilie bestreuen und für 2 h in den Kühlschrank stellen.
Als selbständiges Gericht reichen.
Beilage: Brot, Salzhörnchen oder Brötchen.
Für 6 Personen

Marinierter Karpfen Gärtnerinart (Ö) (Bild 8)

Zutaten:
6 Portionen Karpfen, $1^{1}/_{2}$ l Wasser, Salz, 250 g Gemüse (Möhren, Petersilienwurzel, Sellerie), 60 g Zwiebeln, 15 Pfefferkörner, 5 Pimentkörner, 1 Lorbeerblatt, Thymian (Gewürze in ein Leinentüchlein binden) – 250 g gewürzte Mayonnaise (siehe Rezept), 5 Eßlöffel Brühe vom Garziehen des Karpfens, zum Garnieren marinierte Gemüsepaprikas, Kopfsalat und Zitrone

Zubereitung:
In eine größere Kasserolle Wasser gießen, Salz, feinstreifig geschnittenes Gemüse und Zwiebeln sowie Gewürze beigeben und 25 min kochen lassen. – Karpfenportionen waschen, salzen, in den mäßig kochenden Sud legen, aufkochen, 18 min garziehen lassen. Die Karpfenportionen im Sud erkalten lassen, dann herausnehmen und entgräten. Den Sud passieren, das Gemüse abgetropft auf einer länglichen Platte ausbreiten. Die Karpfenportionen auf dem Gemüse anrichten und mit gewürzter Mayonnaise, die mit 5 Eßlöffel Karpfensud verdünnt wurde, übergießen. Die mit Mayonnaise überzogenen Portionen obenauf mit feingehackten Gemüsepaprikas bestreuen. Den Rand der Fischplatte mit halbierten Zitronenscheiben und Kopfsalat garnieren.
Als Vorspeise oder Abendessen reichen.
Beilage: weiße Backwaren und Weißwein.
Für 6 Personen

Marinierter Karpfen Třeboňer Art (ČSSR)

Zutaten:
6 Portionen Karpfen, Salz, 60 g Öl, 30 g Kapern – *Zur Marinade:* $^1/_4$ l Essig, $^1/_2$ l Fischsud oder Wasser, 100 g Zwiebeln, in Scheiben geschnitten, etwas Zitronenschale,
10 Pfefferkörner,
8 Pimentkörner, 2 Nelken,
2 Lorbeerblätter, Salz

Zubereitung:
Die Karpfenportionen waschen, abtrocknen, salzen und in Öl braten (10 ... 12 min). Dann auf einem Rost abtropfen lassen. – In einen Topf Essig und den aus den Fischabschnitten bereiteten Fischsud oder Wasser gießen, Zwiebeln, Zitronenschale, Gewürze und Salz zugeben, 20 min kochen und erkalten lassen. Die gebratenen, kalten Karpfenportionen in ein Steingutgefäß schichten, mit gehackten Kapern bestreuen, die vorbereitete Marinade darübergießen, zudecken und über Nacht kaltstellen. Als Vorspeise oder auch als selbständiges Gericht reichen.
Beilage: Brot.
Für 6 Personen

Marinierter Karpfen mit Banane (F)

Zutaten:
6 Portionen gargezogener Karpfen (siehe Rezept «Gargezogener Karpfen mit Butter») – *Zur Marinade:* 200 g gewürzte Mayonnaise (siehe Rezept), 1 Eßlöffel geriebener Meerrettich, 1 mürber, geschälter und geriebener Apfel, 1 pürierte Banane,
1 kleine geriebene Gewürzgurke, 1 Teelöffel feingehackte Kapern,
1 Teelöffel Zucker, 1 Eßlöffel Zitronensaft, 2 Eßlöffel Fischsud vom gargezogenen Karpfen oder Weißwein

Zubereitung:
Die abgekühlten Karpfenportionen entgräten, die Haut entfernen und die Portionen nebeneinander in eine Glasschüssel legen. Die zur Marinade angeführten Zutaten nacheinander in eine Schüssel geben und mit dem Kochlöffel gut vermengen. Die zubereitete Marinade über den Karpfen gießen und das Ganze 1 h in den Kühlschrank stellen.
Bei festlichen Anlässen zusammen mit weißen Backwaren und Weißwein als Vorspeise reichen.
Für 6 Personen

Marinierter Karpfen italienische Art (It)

Zutaten:
6 Portionen gargezogener Karpfen (siehe Rezept «Gargezogener Karpfen mit Butter») – 600 g Kartoffelsalat (siehe Rezept «Einfacher

Zubereitung:
Die abgekühlten Karpfenportionen entgräten. Auf einer länglichen Fischplatte aus dem Kartoffelsalat einen etwa 3 cm hohen Sockel anrichten, darauf die Karpfenportionen anordnen und

Kartoffelsalat»), 200 g gewürzte Mayonnaise (siehe Rezept), 5 Eßlöffel Ketchup, 2 hartgekochte Eier, 2 feste Tomaten, Petersilie

mit der gewürzten Mayonnaise, der zuvor Ketchup zugesetzt wurde, überziehen. Obenauf mit durchs Sieb gestrichenem, hartgekochtem Eigelb und den Rand des Salatsockels mit feingehacktem Eiklar bestreuen. Seitlich in den Salatsockel Tomatenwürfel stecken und diesen Petersilienstengel beigeben.
Als Vorspeise, selbständiges Gericht oder Imbiß reichen.
Beilage: Salzhörnchen oder Brötchen.
Für 6 Personen

Marinierter Karpfen orientalisch (T)

Zutaten:
6 Portionen gargezogener oder gebratener Karpfen, 3 schnittfeste Tomaten, 2 konservierte rote Gemüsepaprikas, 2 saure Gurken, 100 g Zwiebeln, $\frac{3}{16}$ l Essig, $\frac{1}{8}$ l Wasser, $\frac{1}{16}$ l Öl, Salz, gemahlener Pfeffer, 1 Teelöffel Senf, 1 Teelöffel Worcestersoße

Zubereitung:
Die geschälten Zwiebeln, Tomaten und sauren Gurken in dünne Scheiben schneiden und in eine Schüssel geben. Die Gemüsepaprikas in Ringe schneiden und dazugeben. Salzen und vermengen. Karpfenportionen entgräten, in eine Glasschüssel legen und mit der vorbereiteten Gemüsemischung bestreuen. In ein Töpfchen Senf, Worcestersoße, Salz, Pfeffer, Essig, Wasser und Öl geben, verquirlen und über den vorbereiteten Karpfen gießen. Diesen kurze Zeit kaltstellen.
Als selbständiges Gericht reichen.
Beilage: Brot.
Für 6 Personen

Marinierter Karpfen Hamburger Art (D)

Zutaten:
6 Portionen entgräteter Karpfen, Salz, 3 Eiklar, Mehl, 80 g Schweineschmalz oder Öl – *Zur Marinade:* $\frac{1}{2}$ l Wasser, 60 g Möhren, 60 g Sellerie, 60 g Petersilienwurzel, Salz, 8 Pimentkörner, 8 Pfefferkörner, 1 Lorbeerblatt, 100 g Zwiebeln, $\frac{1}{2}$ Zitrone, $\frac{1}{4}$ l Essig, $\frac{1}{8}$ l Rotwein oder Weißwein, 6 Eßlöffel Öl

Zubereitung:
Die gewaschenen Karpfenportionen abtrocknen, salzen, mehlieren, 1 h antrocknen lassen. Dann in geschlagenem Eiklar und Mehl panieren, in heißem Fett goldgelb braten, auf einem Rost erkalten lassen. In ein Steingutgefäß legen, mit der Marinade übergießen und mindestens 10 h kaltstellen.
Zubereitung der Marinade: Das Wurzelwerk putzen, waschen, in dünne Scheiben schneiden, in kochendes Salzwasser geben, die Gewürze hinzufügen und halbgar kochen. Dann die in Ringe geschnittene Zwiebel, die in Scheiben geschnittene Zitrone, Essig und Wein zusetzen, aufkochen und erkalten lassen. In der kalten Marinade das Öl verrühren.
Als selbständiges Gericht reichen.
Beilage: Brot und Hörnchen.
Für 6 Personen

Marinierter Karpfen für Feinschmecker (C)

Zutaten:
2 Karpfenhälften (etwa 1000 g), Wasser, Salz, 1 Lorbeerblatt, 6 Pimentkörner, 10 Pfefferkörner, Zitronenschale, 1 kleine Zwiebel, Saft von 1 Zitrone – 200 g Zwiebeln, 1 Eßlöffel gehackte Petersilie, 2 Eßlöffel feingeschnittener Schnittlauch, 2 eingelegte rote Gemüsepaprikas, 2 frische oder gefrorene grüne Gemüsepaprikas, 3 Peperoni, Saft von 2 Orangen, 5 Eßlöffel Weißwein, 2 Eßlöffel Essig, 4 Eßlöffel Öl, Salz, 1 hartgekochtes Ei, gemahlener Pfeffer

Zubereitung:
Wasser in eine größere Kasserolle gießen, Salz, Gewürze, Zitronenschale, geviertelte Zwiebel zugeben und 10 min kochen. Dann die gesalzenen, noch einmal in je drei Portionen geteilten Karpfenhälften in den kochenden Sud legen und bei mäßiger Hitzezufuhr etwa 15 min garziehen. Die im Sud erkalteten Karpfenportionen herausnehmen, die Haut entfernen, das Fleisch entgräten, in größere Stücke schneiden, in eine Schüssel geben, Zitronensaft zugeben und 2 h kaltgestellt marinieren.
Die geschälte Zwiebel in dünne Scheiben schneiden, in den kochenden Karpfensud legen, etwa 2 min kochen, dann abgießen und auskühlen. Nun in die Salatschüssel geben, feingehackte Petersilie und Schnittlauch, kleingewürfelte Gemüsepaprikas, feingehackte Peperoni zugeben und Orangensaft, Wein, Essig, Öl zugießen, salzen, pfeffern und gründlich vermengen. Zuletzt die marinierten Karpfenstücke einlegen und mit dem Kochlöffel leicht unterrühren. (Den vom Garziehen des Karpfens verbliebenen Fond zur Zubereitung von Fischsuppen oder Fischaspik verwenden.) Die fertige Speise, die einen hervorragenden Geschmack aufweist und reich an Vitamin C ist, in Kompottschüsselchen anrichten. Obenauf mit kleingehacktem Ei bestreuen.
Als Vorspeise oder bei festlichen Anlässen reichen.
Beilage: Salzhörnchen, Brötchen, Toast oder Blätterteigstangen.
Für 6 Personen

Karpfenschmarren (ČSSR)

Zutaten:
400 g gegartes Karpfenfleisch, 4 Eier, 3 Eßlöffel Öl, Salz, gemahlener Pfeffer, 4 Eßlöffel konservierte und abgegossene grüne Erbsen, 100 g Tatarensoße (siehe Rezept) oder gewürzte Mayonnaise (siehe Rezept)

Zubereitung:
Vom Karpfenfleisch die Haut abziehen, entgräten und das Fleisch kleinschneiden. In einer Stielpfanne Öl erhitzen, die gesalzenen und schwach gepfefferten geschlagenen Eier daraufgießen und mit dem Kochlöffel rühren, bis die Eier zu stocken beginnen. Nun das Karpfenfleisch und die grünen Erbsen zugeben, leicht rühren, bis der Schmarren breiartig dick zu werden beginnt. Erst dem erkalteten Schmarren die Tatarensoße oder die gewürzte Mayonnaise unterziehen. Die einzelnen Portionen können noch mit Tomatenscheiben und Petersilie garniert werden.

Als selbständiges Gericht reichen.
Beilage: Salzbackwaren.
Für 4 Personen

Karpfenaufstrich (Gb)

Zutaten:
400 g gegartes Karpfenfleisch, von Gräten und Haut befreit, 4 Knoblauchzehen, 100 ml Tomatenketchup

Zubereitung:
Das Karpfenfleisch pürieren und in eine Schüssel geben. Den zerriebenen Knoblauch in den Ketchup rühren, über das Karpfenfleisch gießen und mit dem Kochlöffel gut vermengen.
Geschmacksabwandlung: Anstelle des Knoblauchs kann ein Eßlöffel geriebener Meerrettich untergezogen werden.
Den Aufstrich auf Topinky (siehe Rezept «Gebackene Topinky») streichen und zu Tee oder Bier reichen.
Für 6 Personen

Fischaspik und gelierte Karpfenspeisen (X)

Zutaten:
2 l Karpfensud, gewonnen durch Auskochen von Karpfenabgängen (siehe Rezept «Brühe vom Karpfen»), oder Sud vom gargezogenen Karpfen, 100 ml Essig, Salz, 2 Teelöffel Zucker, 100 . . . 120 g Gelatine

Zubereitung:
Den Fischsud passieren. Fett auf der Oberfläche mit einem Löffel abschöpfen oder mit einer Papierserviette entfernen. Nun $\frac{1}{4}$ l durchgeseihten kalten Fischsud in ein kleines Gefäß gießen, das Gelatinepulver hineinschütten, umrühren und etwa 15 . . . 20 min quellen lassen.
Den restlichen Fischsud (d. h. $\frac{3}{4}$ l) säuern, salzen, zuckern, bis zum Siedepunkt erhitzen. In den erhitzten Sud sofort die gequollene Gelatine geben und so lange rühren, bis die Gelatine vollständig aufgelöst ist (nimmt 5 min in Anspruch). Sie darf nicht mehr kochen. Der so bereitete Geleesud kann nach dem Erkalten sofort zum Eingießen von Karpfen in Aspik verwendet werden, sofern nicht unbedingt Wert darauf gelegt wird, daß der Aspik nach dem Erstarren völlig klar ist. Wenn der Aspik allerdings vollkommen klar sein soll, dann muß anstelle der angeführten Brühen ein nach Rezept «Klären des Fischfonds» mit Eiklar geklärter Fischsud verwendet werden. Die übrigen genannten Zutaten und der Arbeitsablauf bleiben unverändert.
Etwa 1 $\frac{3}{4}$ l Aspik

Färben und Verwenden von Aspik (X)

Soll der fertige Aspik bernsteinfarben sein, so wird er mit ein wenig Farbe eingefärbt. Die Farbe wird folgendermaßen aus gebranntem Zucker hergestellt: In eine Stielpfanne 50 g Kristallzucker schütten, wenig Wasser zugeben, aufs Feuer setzen und mit dem Kochlöffel mehrmals umrühren, bis der Zucker dunkelbraun gefärbt ist. Dann vorsichtig mit 6 Eßlöffel Wasser übergießen. Hierbei bildet sich aus dem Zucker eine Art Legierung, die gut zerkocht wird. Den so gewonnenen Farbstoff auskühlen lassen, in ein kleines Glas gießen und verwenden bzw. aufbewahren. Er dient zum Braunfärben von Speisen, wie Suppen, Soßen, Aspik, bzw. bei Verwendung geringer Mengen zum Gelbfärben dieser Speisen.
Den fertigen Fischaspik in flüssigem Zustand zum Eingießen des gargezogenen Karpfens oder anderer kalter Fischspeisen in Aspik verwenden. Wichtig ist, daß der Aspik kalt, aber noch flüssig, nicht breiig ist. Bei vorzeitigem Erstarren den Aspik im Gefäß in heißes Wasser stellen, wo er wieder flüssig wird.
Vollständig erstarrten Aspik vor allem als *Beilage* reichen und zur *Garnierung* kalter Karpfenspeisen verwenden. In diesem Falle wird ihm durch Ausstechen, Ausschneiden, Zerhacken usw. unterschiedlichste Gestalt verliehen.

Karpfen blau in Aspik (X)

Zutaten:
6 Portionen gargezogener Karpfen blau (siehe Rezept «Gargezogener Karpfen blau mit Butter oder Soße»), gekochtes Gemüse aus dem Sud, $1\frac{1}{2}$ l kalter flüssiger Fischaspik – eine kleine Bratpfanne oder eine längliche Blechform

Zubereitung:
Den Boden der Bratpfanne oder der Blechform mit einer 1 cm dicken Aspikschicht ausgießen und im Kühlschrank erstarren lassen. Auf dieser Aspikschicht die von den größeren Gräten befreiten Karpfenportionen mit dem Rücken nach oben anrichten, dazwischen das gekochte, streifig geschnittene, abgegossene und abgekühlte Gemüse geben. Das Gemüse mit etwas Aspik angießen, damit es fest auf seinem Platz sitzt, und erst dann die Bratpfanne oder Blechform mit Aspik füllen und zum Erstarren in den Kühlschrank stellen. Die Oberfläche der Speise kann noch mit gegarten grünen Erbsen und Tomatenscheiben und diese Garnierung mit flüssigem Aspik und Tomatenscheiben verziert werden. Die Garnierung kann mit flüssigem Aspik beträufelt und erneut zum Erstarren in den Kühlschrank gestellt werden.
Nach dem Erstarren des Aspiks gleichgroße Portionen ausschneiden und auf einer Platte anrichten.

Als Vorspeise oder selbständiges Gericht reichen.
Beilage: Brot oder Hörnchen und Tatarensoße.
Für 6 Personen

Karpfensülze (Ö)

Zutaten:
800 g gargezogener Karpfen, 200 g Mixed pickles, $\frac{3}{4}$ l Fischaspik (siehe Rezept «Fischaspik und gelierte Karpfenspeisen»), 200 g gewürzte Mayonnaise (siehe Rezept), 2 hartgekochte Eier – eine längliche oder runde tiefere Blechform – Gemüsesalat, marinierte rote Gemüsepaprikas zum Garnieren

Zubereitung:
Die gewürzte Mayonnaise in eine Schüssel geben und unter ständigem Rühren nach und nach den erkalteten flüssigen Aspik zugießen. In die so bereitete Aspikmayonnaise das entgrätete, von der Haut befreite und in größere Würfel geschnittene Karpfenfleisch, das feingehackte Gemüse und die gekochten Eier geben, gut vermengen, in eine Form gießen und zum Erstarren in den Kühlschrank stellen. Nach entsprechendem Erstarren die Form mit Inhalt für einen Augenblick bis zum Rand in lauwarmes Wasser tauchen, die Sülze herausstürzen, in Portionen schneiden, auf eine längliche Fischplatte legen und den Plattenrand mit Gemüsesalat, z. B. Salat aus rotem Gemüsepaprika, Tomaten, Sellerie usw., garnieren.
Als Vorspeise oder selbständiges Gericht reichen.
Beilage: Brot oder Hörnchen und Remouladensoße.
Für 6 Portionen

Karpfensülze mit Pilzen (ČSSR)

Zutaten:
900 g Karpfenfleisch, $1\frac{1}{2}$ l Wasser, 3 Eßlöffel Essig, Salz, Zitronenschale, 1 Möhre, 1 Petersilienwurzel, Sellerie, 1 große Zwiebel, 1 Lorbeerblatt, 6 Pfefferkörner, 6 Pimentkörner, 200 g in Essig eingelegte Pilze – $1\frac{1}{4}$ l Fischaspik (siehe Rezepte «Fischaspik und gelierte Karpfenspeisen» oder «Aspik – schnelle Zubereitung ohne Klären») – eine Blechform in Gestalt eines Rehrückens – Tomate, Zitrone, Petersilie zum Garnieren

Zubereitung:
In eine größere Kasserolle Wasser und Essig gießen, die Zitronenschale, das geputzte Gemüse im ganzen, die geschälte Zwiebel, Salz, Gewürze zugeben und 25 min kochen. Dann das gesalzene Karpfenfleisch in den Sud legen, bei mäßiger Hitze 18 min garziehen und bis zum Erkalten in der Fischbrühe belassen, aus der Brühe heben, Haut und Gräten entfernen und in größere Stücke schneiden bzw. zerpflücken. Das gekochte Gemüse, mit Ausnahme der Zwiebel, in größere Würfel schneiden. (Den entstandenen Fischfond zur Bereitung einer gebundenen Fischsuppe verwenden.)
Die eingelegten Pilze in ein Sieb geben und abtropfen lassen.
Das vorbereitete Karpfenfleisch in eine Schüssel legen, Gemüse und abgetropfte Pilze zugeben, den abgekühlten, jedoch noch flüssigen Aspik zugießen, leicht umrühren, in die Form gießen und in den Kühlschrank stellen. Ist die Sülze in der Form voll-

kommen erstarrt, die Form für einen Augenblick bis zum Rand in lauwarmes Wasser tauchen und die Sülze auf eine Platte stürzen. Nun mit geteilten Tomaten, Zitrone und Petersilie garnieren.
Als Vorspeise oder selbständiges Gericht reichen.
Beilage: weiße Backwaren.
Für 6 bis 8 Personen

Karpfen in kleinen Backformen (D)

Zutaten:
500 g gargezogenes Karpfenfleisch, Saft von $\frac{1}{2}$ Zitrone, 600 g geriebener roher Sellerie, 250 g gewürzte Mayonnaise (siehe Rezept), 300 ml kalter flüssiger Aspik (siehe Rezept «Fischaspik und gelierte Karpfenspeisen») – sechs kleine Formen (Timbales) – Zitrone, Petersilie zum Garnieren

Zubereitung:
Das gargezogene Karpfenfleisch entgräten und die Haut entfernen, in kleine Stücke zerpflücken, in eine Schüssel geben, mit Zitronensaft beträufeln und für $\frac{1}{2}$ h in den Kühlschrank stellen. Nun der gewürzten Mayonnaise nach und nach unter ständigem Rühren den kalten flüssigen Aspik zusetzen und die so bereitete dünnflüssige Aspikmayonnaise über das Karpfenfleisch gießen, den feingeriebenen Sellerie zugeben und das Ganze gut vermengen. Das Gemisch in die trockenen, sauber ausgewischten Napfkuchenförmchen gießen und zum Erstarren in den Kühlschrank stellen. Vor dem Herausstürzen die kleinen Formen mit dem Inhalt kurz bis zum äußeren Rand in warmes Wasser tauchen, damit sich der Inhalt leicht aus der Form löst. Auf Glastellerchen stürzen und mit Zitronenachteln und Petersilie garnieren.
Als Vorspeise oder zur Bewirtung reichen.
Beilage: weiße Backwaren.
Für 6 Personen

Karpfenschaumbrot (F)

Zutaten:
500 g gegartes Karpfenfleisch (von Haut und Gräten befreit), 200 g gewürzte Mayonnaise (siehe Rezept), 200 ml kalter flüssiger Fischaspik (siehe Rezepte «Fischaspik und gelierte Karpfenspeisen» oder «Aspik – schnelle Zubereitung ohne Klären»), Salz,

Zubereitung:
Das Karpfenfleisch pürieren. Die Mayonnaise in eine Schüssel geben und unter ständigem Rühren den kalten flüssigen Aspik zugießen. Anschließend das Karpfenpüree unterrühren, würzen, mit Zitronensaft beträufeln und zuletzt die geschlagene Sahne unterziehen. Die trockene, gut ausgewischte Blechform mit dem vorbereiteten Schaumbrot füllen und zum Erstarren in den Kühlschrank stellen. Vor dem Stürzen die Blechform in lauwarmem Wasser erwärmen, damit sich das Schaumbrot von den Wänden der Form löst. Auf eine Platte stürzen und mit Toma-

gemahlener Pfeffer, 1 Teelöffel Worcestersoße. 1 Eßlöffel Zitronensaft, $\frac{1}{8}$ l Schlagsahne – eine Blechform in Gestalt eines Rehrückens – Tomate, Petersilie zum Garnieren

ten, die mit feingehacktem Aspik gefüllt wurden, umgeben und mit Petersilie garnieren.
Als Vorspeise zu festlichen Anlässen oder als selbständiges Gericht reichen.
Beilage: weiße Backwaren.
Für 6 bis 8 Personen

Aufbewahren von Aspik (X)

Bleibt zubereiteter Aspik übrig bzw. soll dieser auf Vorrat bereitet werden, so ist eine kurzzeitige Aufbewahrung möglich. Zu diesem Zweck den kalten flüssigen Aspik bis zum oberen Rand in Gläser mit breiterem Hals füllen und nach seinem Erstarren die Gläser mit Pergamentpapier bedecken, zubinden und in den Kühlschrank stellen. Auf diese Weise läßt sich Aspik 14 Tage aufbewahren. Aspik darf jedoch keinesfalls gefrieren, da gefrorener Aspik nach dem Auftauen keine Gelierfähigkeit mehr hat.

Rezeptverzeichnis

Das Herkunftsland der einzelnen Rezepte ist in Klammern angegeben. Dabei werden folgende Abkürzungen verwendet:

B:	VR Bulgarien	NL:	Niederlande
C:	VR China	No:	Norwegen
ČSSR:	Tschechoslowakische Sozialistische Republik	Ö:	Österreich
		P:	VR Polen
D:	DDR/BRD	R:	SR Rumänien
F:	Frankreich	Sp:	Spanien
Gb:	Großbritannien	SU:	Sowjetunion
Gr:	Griechenland	Sw:	Schweden
In:	Indien	Sz:	Schweiz
It:	Italien	T:	Türkei
J:	SFR Jugoslawien	U:	Ungarische VR
K:	Kanada	X:	internationale Rezepte
M:	Mitteleuropa		

Brühen, Suppen und warme Soßen

Karpfenbrühen und -suppen

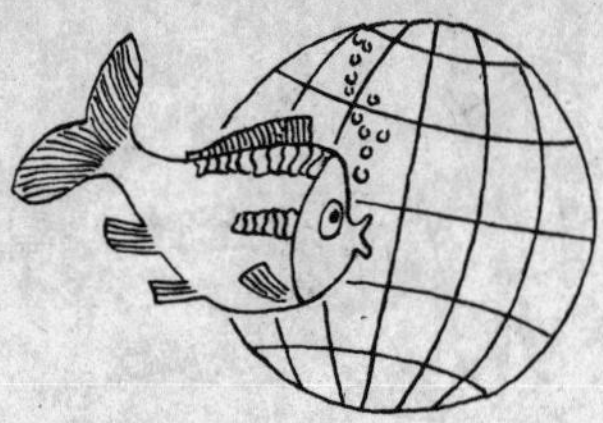

Warme Soßen

Warme Gerichte aus Karpfen

Warme Karpfenspezialitäten

Warme Beilagen zu Karpfen

Kalte Beilagen und kalte Soßen zu Karpfenspeisen

Kalte Speisen aus Karpfen

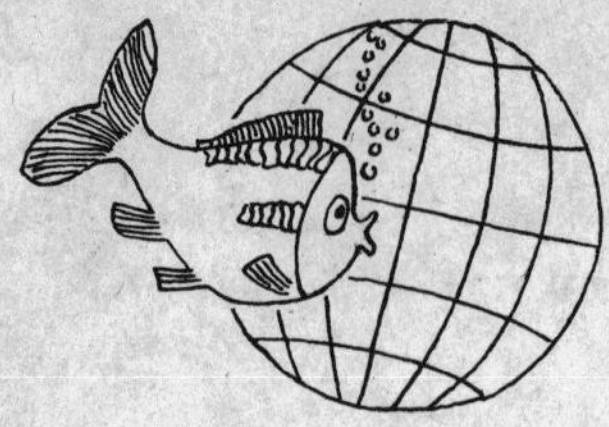